Las puertas del placer

Las puertas del placer

Rosario Ferré

ALFAGUARA

LAS PUERTAS DEL PLACER

© 2005, ROSARIO FERRÉ

De esta edición:

© 2005 – Ediciones Santillana, Inc.
avda. Roosevelt 1506,
Guaynabo, Puerto Rico, 00968

- Aguilar, Altea, Taurus, Alfaguara, S.A. de C.V.
  Av. Universidad 767, Col. del Valle
  México, 03100, D.F.
- Distribuidora y Editora Aguilar, Altea, Taurus, Alfaguara, S.A.
  Calle 80 Núm. 10-23, Santafé de Bogotá, Colombia.
- Santillana S.A.
  Torrelaguna 60-28043, Madrid, España.
- Santillana S.A.
  Av. San Felipe 731, Lima, Perú.
- Santillana Publishing Company Inc.
  2105 NW 86th Avenue, 33122, Miami, Fl., EE. UU.
- Ediciones Santillana S.A. (ROU)
  Constitución 1889, 11800, Montevideo, Uruguay.
- Aguilar, Altea, Taurus, Alfaguara, S.A.
  Beazley 3860, 1437, Buenos Aires, Argentina.
- Aguilar Chilena de Ediciones Ltda.
  Dr. Aníbal Ariztía 1444, Providencia, Santiago de Chile.
- Santillana de Costa Rica, S.A.
La Uruca, 100 mts. Oeste de Migración y Extranjería, San José, Costa Rica.

Primera edición: Septiembre de 2005

ISBN: 1-57581-838-8

Portada: *Homenaje a Vermeer*, de Myrna Báez

Impreso en Colombia - Printed in Colombia
Impreso por D'Vinni Ltda.

Índice

Los placeres del cuerpo

Los placeres del espíritu

Los placeres de la lengua

Los placeres del cuerpo

El alma del beso

La boca es como un útero en el cual se engendran parejamente el amor y la palabra. A través de ella recibimos nuestro primer sustento y emitimos el primer sonido, el llanto del recién nacido. El primer beso nos llega de nuestra madre, como un saludo al cuerpo cuando llega al mundo, y la primera palabra que pronunciamos fue, seguramente, su nombre.

Cuando besamos a nuestra madre por primera vez, estábamos probablemente mamando de su pecho, razón por la cual besar y mamar se nos hicieron inseparables. ¡Cómo no besar ese pecho del cual mana la vida, que nos empuja suavemente a entrar en ella y a la vez sacia nuestra hambre! "El beso en España / lo lleva la hembra / muy dentro del alma", dice el pasodoble. La palabra *beso* tiene mucho de caricia. Es redonda y blanda y, cuando juntamos los labios para pronunciarla, inevitablemente damos uno.

Hay varios tipos de beso. El beso casto es siempre halagador: tienta con su delicadeza, sin asustar al objeto de nuestro deseo. Otros besos son mensajeros del abogado Cupido, adulan a la vez que presentan el argumento del amor como una ofrenda sensual del cuerpo. Pero el casto es como un suspiro, un tímido toque a la puerta, como el que describe Rafael Hernández en la canción *Perfume de gardenias tiene tu boca.*

En el *Kama Sutra* al beso casto se lo llama "beso de la amistad". Puede estamparse sobre los párpados o sobre la punta de los dedos. Robert Browning le dice "beso de falena", porque se asemeja al roce de una mariposa nocturna en la oscuridad, que nos hace temblar de ansiedad cuando vuela demasiado cerca. Y, sin embargo, el beso amistoso es a menudo heraldo del beso sensual, precursor del placer. Un beso casto nunca es "sólo un beso", como asegura la canción. Encierra desde el principio una promesa, un maravilloso augurio.

El beso de pasión tiene muy poco en común con el de amistad. El *Kama Sutra* lo llama "beso que da lumbre", porque lleva consigo la chispa del deseo. En él la lengua adquiere primerísima importancia. Se cruza un dintel, se pone en riesgo una privacidad. Antes de que los labios se unan, un cuerpo se ha rendido a otro: las respiraciones se confunden. Las palabras lisonjeras que acompañan a los besos castos han cesado y el amante conquista las almenas del amado.

Durante "el beso que da lumbre", la lengua se convierte en un pedazo de corazón que se introduce en la boca de la amada. Los corazones se intercambian; las sangres se traspasan. El famoso bolero de Consuelito Vargas, "Bésame, bésame mucho, como si fuera esta noche la última vez," expresa este mareo de los besos encadenados.

El beso apasionado es silencioso. No podemos hablar cuando nuestras lenguas están trabadas en un duelo de amor. A pesar de ser mudo, preludia la sinfonía de los cuerpos. La carne, vaina palpitante del alma, separa el mundo de afuera del de adentro. Esa frontera tiene cualidades mágicas. Puede temblar, erizarse, estirarse, encogerse, sangrar. Puede enfermar o sanar. Puede vivir o morir. La carne tiene su propio cerebro y su propia voluntad: sigue su propio camino, a veces en dirección contraria a la que nos proponemos.

La carne es el lugar sagrado donde reside el deseo, toda experiencia de vida es parte de ella. El placer incluye la posibilidad de dolor, podemos alcanzarlo como quien lleva el volumen al diapasón más alto. El acto sádico puede ser una exageración del instinto del placer. Es peligroso en cuanto entra en conflicto con la razón y nos aleja de nuestra naturaleza de seres pensantes. Como señaló Freud, necesitamos ajustar el placer para evitar la incompatibilidad con las normas y relaciones sociales establecidas por la civilización. Pero el goce bestial, o su representación en pantomima, nos acerca a la inocencia animal. Cuando infligimos dolor en medio del placer es porque literalmente perdemos la cabeza por unos momentos. "El poder que ejerce sobre mí es tal —nos decimos— que por su culpa estoy dispuesto a regresar al estado animal".

El primer beso es inolvidable y por ello le reservamos un lugar especial en nuestra memoria. Primero, los labios se rizan y ondean alrededor unos de otros como las fronteras de dos países a punto de invadirse y declararse la guerra. Después, las lenguas se adelantan, al principio tímidamente y con moderación; luego, con exuberancia y entusiasmo.

Traspuesta la primera línea de defensa, acometemos más a fondo y con atrevimiento, invadiendo el territorio enemigo: la cavidad bucal, los dientes, las muelas, el túnel rosado de la garganta. El amoroso pulso de las lenguas dentro de la alcoba secreta de la boca es un preámbulo dichoso a la lucha en la cual se verán envueltos los cuerpos.

Durante nuestro primer beso de pasión decidimos si el sabor del amado nos agrada. "Leche y miel fluyen por debajo de su lengua" cantaba Salomón. Dar un beso de pasión es como morder una granada: las semillas caen sobre la lengua como gotas de sangre y el perfume del amor nos invade, haciéndonos perder el sentido.

Puerto Rico tiene su tradición particular en cuanto a los besos. Las mujeres se saludan por lo general entre ellas con un beso de amistad en la mejilla, y dedican a sus amigos varones un rápido beso amistoso o su cortés simulacro. Estos besos de cariño tienen el propósito de comunicar un aprecio especial hacia un miembro del clan. Significado original que, sin embargo, se ha alterado en épocas recientes a causa de la repetición del rito, perdiendo gran parte de su expresividad.

Como en el resto de América Latina, en Puerto Rico los hombres se saludan estrechándose la mano. Es la manera de demostrar que están desarmados y son merecedores de confianza. Los hombres nunca se besan. Los padres besan a los hijos varones sólo cuando son pequeños; una vez llegan a la adolescencia recurren al abrazo para recibirlos o despedirlos. Las mujeres nunca se dan la mano, y estrechan la de los hombres sólo en contadas ocasiones.

Los hombres de la burguesía a menudo saludan a las mujeres con un beso de cariño, a la vez fugaz y cortés, que es símbolo de sumisión. Los puertorriqueños suelen ser afectuosos con las mujeres; las llaman *nena, mami, mi amor, mamita, linda, preciosa,* aunque estos apelativos son discriminatorios.

En España, a diferencia de Puerto Rico, a las mujeres nunca se les dice *mamita*. Las españolas son madrazas, y acostumbran a mantener al marido sentado en el baúl. Las matriarcas españolas son las soberanas indiscutibles del hogar. Ellas controlan la bolsa y la cama, la alacena y el ropero. Sin embargo, en el mundo del trabajo y de la empresa son, en la mayoría de los casos, tan poco influyentes como las puertorriqueñas. Muy pocas acceden a posiciones de poder.

El "beso de cariño", en España, se estampa sobre los dos cachetes; en Puerto Rico, sobre uno solo. Cuando los puertorriqueños viajamos a España, a menudo olvidamos esta costumbre y nos retiramos del abrazo que acompaña al segundo beso antes de tiempo. El resultado es que dejamos al amigo o amiga que está intentando besarnos tambaleándose en el espacio, frenéticamente en suspenso. Los españoles que viajan a Puerto Rico no logran acostumbrarse a esa pequeña escaramuza, que hace a los besos perdidos caer en un espacio ciego, suspendido entre la barbilla y el pecho. Deberían ya saber a qué atenerse y venir preparados con una cajita para guardarlos. Estos besos perdidos son un despilfarro, cuando en el mundo hay tanta gente que necesita cariño y no tiene más remedio que prescindir de él.

En Italia, los caballeros frecuentemente se inclinan para besar la mano a las damas. Esto causa problemas en América (del Norte y del Sur), porque las mujeres no están habituadas a esa costumbre. Se asustan e intentan inmediatamente retirar la mano. Al sujeto en cuestión le quedan dos alternativas: o permanece encorvado hacia delante como un signo de interrogación para que no se den cuenta de su bochorno o, lo que quizá es más decoroso, agarra firmemente la mano de la dama y sonríe, evitando que se le escape. Luego de un corto escarceo, la dama se da cuenta de que su mano es besada según las reglas de la etiqueta, y concluye que el caballero no se está propasando.

Para los alemanes, el beso de pasión suele ser un suceso cósmico. Se trata de una conflagración durante la cual los amantes se deslizan como soles por el horizonte ardiente de Valhalla. En la opinión germana, el sexo se lleva a cabo a todos los niveles del organismo y su propósito es barajar la información genética. La puerta que conduce a este evento es el omnipotente beso teutónico. (El británico, por el contrario, suele ser avaro de la plusvalía, como si fuese conferido bajo un gorro victoriano).

Entre los europeos, los franceses son los que más fama se han ganado por los besos de pasión. En París, la ciudad más romántica del mundo, las riberas del Sena siempre están llenas de amantes que se la pasan besándose "a la francesa". Lo que llamamos beso francés, el intercambio de lenguas, es probablemente una práctica universal, pero los franceses fueron los primeros en reconocerla. Seguramente existía en la privacidad de la alcoba en Alemania, Italia, Suecia y demás países europeos, pero nadie se atrevió a admitirlo.

Los franceses han hecho un arte del perfume. Lejos de repeler los olores y sabores corporales, los encuentran eróticamente estimulantes. Su beso está, por supuesto, lleno de gérmenes, ya que en él se intercambian los fluidos de los cuerpos. (Si hubiese un beso suizo, sería el beso esterilizado). Pero a los franceses eso no les preocupa. Cuando se enamoran, encuentran natural chapotear en las secreciones mutuas: les encanta besar y lamer por todas partes. En el amor a lo galo no existen los perfumes buenos y malos, dulces o acres, salubres o insalubres. El amor es como el queso Camembert, todo en él es comestible. Mientras más bacterias, más delicioso.

Una de las pruebas más contundentes del machismo latinoamericano es la poca popularidad que tiene el beso a la francesa entre nosotros. Hay algo simbólico y a la vez vergonzante en eso de dejar que alguien nos meta la sin hueso en la boca y la haga bailar sacudiendo membranas y alvéolos. La lengua, donde se origina la palabra, es fuente de poder, determina quiénes somos en un sentido mucho más profundo que nuestros órganos sexuales. Cuando una mujer introduce su lengua dentro de la boca de un hombre, no importa cuán delicadamente, éste se siente amenazado. ¡Ella está tomando las riendas! ¡La gallina montando al gallo! La solución al problema es un beso democrático, dado con lenguas equivalentes.

Los besos suelen variar mucho de país a país, pero hay una cualidad que los hermana: son fuente de placer que se regenera, brotando una y otra vez de entre los labios de los amantes. Como escribió Shakespeare, el bardo inmortal, "a kiss of love is boundless like the sea, the more it gives, the more there is to give".

El misterio de los ojos

Los ojos se transitan en dos direcciones: por ellos llegamos al mundo, y por ellos el mundo llega hasta nosotros. Los ojos nos conectan con lo material y con lo espiritual, con la naturaleza que nos rodea y con la imaginación, el pensamiento y los sentimientos. La palabra que los nombra es maravillosamente gráfica: dos ventanitas redondas con la jota sentada en medio como un paje sabelotodo, comodín de cualquier jugada. La palabra *ojos* es un ideograma: tenemos que dibujarlos para pronunciarla.

La encrucijada de los ojos es sumamente transitada. A través de ellos nos asomamos al mundo y apreciamos sus placeres. Recogen información, pero también operan como fanales que envían señales al mundo. Si, procedente de otro planeta, me hubiese topado con un ser humano por primera vez, lo que más me habría llamado la atención habrían sido sus ojos, esos orbes semitransparentes que pueden mirar hacia adentro o hacia afuera; esas anémonas lisas en constante movimiento que saltan del espíritu a la carne y de la carne al espíritu con agilidad, sin quedarse nunca atrapadas en uno u otro lado. ¡Qué cosa tan asombrosa!

Los ojos negros son preciados en el mundo entero. En Rusia, por ejemplo, *Ochichornia* es un cantar favorito. En México, la canción de Pedro

Vargas, *Por unos ojazos negros como dos penas de amores*, atestigua su popularidad. Y el puertorriqueño Bobby Capó les cantó como nadie:

Que se quede el infinito sin estrellas

o que pierda el ancho mar su inmensidad

pero el negro de tus ojos que no muera

y el canela de tu piel se quede igual.

Y, sin embargo, los ojos oscuros nunca son negros. No existe tal cosa como ojos color de pena; todos los ojos negros del mundo son de color castaño, aunque vienen en distintos tonos y pueden variar enormemente, del carmelita al canela, del azúcar moscabada y sin refinar al húmedo marrón de la borra del café.

Los puertorriqueños tienen mayormente los ojos oscuros, les vienen de sus antepasados: españoles, africanos, taínos. También se hereda el acto de mirar, las miradas se pasan de generación en generación. Pedro Salinas, el poeta español que se refugió en Puerto Rico huyéndole a la España fascista, habló de esto en su poema *El contemplado*. Allí describe cómo nuestros antepasados, gracias a nosotros, siguen después de muertos mirando el mar que rodea la isla. Si los ojos se heredan, el acto de mirar puede también heredarse, hacerse en el presente o en el pasado.

La memoria, conectada a la mirada, ejecuta constantemente un retroceso que nos permite recuperar el pasado como algo material y compararlo con el presente. Estamos hoy, 25 de febrero del 2003, en Puerto Rico, leyendo el periódico, y observamos un retrato de la gobernadora Sila María Calderón luciendo un jersey deportivo color violeta con un prendedor de mariposas en el hombro, pero también estamos en 1903, frente al gobernador norteamericano William M. Hunt retratado por Francisco Oller, enfundado hasta el cuello en un abrigo negro y con sombrero de copa en la mano. Los enormes cambios históricos y sociológicos que median entre ambas figuras se nos hacen presentes a través de la mirada.

Al morir lo perdemos todo. Lo que dejamos atrás está cambiado para siempre, como altera la piedra el curso de la corriente cuando se hunde en ella. La mirada es como ese río, que es siempre el mismo y, a la vez, diferente. Esta idea nos consuela, nos confiere cierta medida de inmortalidad.

Los lugares determinan, por otra parte, la manera en que miramos al mundo. Si uno ha nacido en San Juan, por ejemplo, está acostumbrado a los macizos fuertes militares, a las calles estrechas y empedradas de adoquines, a las casas alineadas unas junto a otras como si se apoyaran hombro con hombro para resistir los ataques de mar afuera. Esta realidad concreta fomenta un espíritu de solidaridad que resulta poco común entre gentes acostumbradas a vivir en ciudades con suburbios extensos. El que reside en una metrópolis edificada sobre una llanura puede sentir claustrofobia al llegar a San Juan.

El lugar influye en el temperamento de los habitantes. En *El Mío Cid*, por ejemplo, cuando el caudillo se ve obligado a exilarse de Bivar, su pueblo natal, por culpa del rey Alfonso VI, vierte lágrimas de ira sin sentir vergüenza de que lo vean llorar. Estas lágrimas van grabando lo que queda atrás en su memoria, para mejor llevar a cabo su venganza al regresar muchos años después.

Cuando las lágrimas son de pena surgen de ese Hades de culpabilidad que todos llevamos dentro. Huelen a salmuera y a oscuridad, y pueden ser peligrosas. En el Antiguo Testamento, cuando la esposa de Lot vuelve la mirada hacia Sodoma y llora, se convierte en estatua de sal. En la mitología griega, el río Estigio, que las almas cruzan antes de entrar al otro mundo, alimenta las lágrimas de los hombres. Orfeo, al escuchar el grito de Eurídice, no puede resistir la tentación de mirar hacia atrás, y la avalancha de sus lágrimas la empuja de regreso al infierno.

En algunos países los ojos expresan más pena que en otros. Esto no quiere decir que sus naturales sean más tristes. Las lágrimas son parte de una actitud vital, característica de cada lugar. Cuando escuchamos un cante hondo en Sevilla, o un fado en Lisboa, estamos participando de una ceremonia fúnebre. Los ojos no sólo expresan emoción, son símbolos culturales que sintetizan el alma y las costumbres de un pueblo.

Garcilaso de la Vega, cortesano y poeta del siglo XVII, pensaba que los ojos españoles tenían una afinidad especial con la pena cuando escribió el verso "salid sin duelo, lágrimas, corriendo". Garcilaso estaba enamorado de doña Isabel Freyre, dama de compañía de la reina de España. Doña Isabel era casada y lo rechazó. Aun así, el español escribió poema tras poema a los ojos de la amada, pero sin éxito. Fracasó en su intento de conquistarla, y murió a los 30 años, durante la campaña de Carlos V contra los turcos. Pero sus lágrimas y sus poemas lo hicieron inmortal.

En Puerto Rico, el tema de los ojos ha estado siempre presente para los poetas. Un ejemplo de esto es el poema *Madrigal a unos ojos astrales*, de P. H. Hernández:

Si Dios un día

cegara toda fuente de luz,

el universo se alumbraría

con esos ojos que tienes tú.

Pero si – lleno de agrios enojos

por tal blasfemia – tus lindos ojos

Dios te arrancase

para que el mundo con la alborada

de tus pupilas no se alumbrase;

aunque quisiera Dios no podría

tender la noche sobre la Nada…

¡porque aún el mundo se alumbraría

con el recuerdo de tu mirada!

¿Qué nos dice sobre Puerto Rico esa mirada de P.H., poco antes de morir a los veintitantos años? Sobre la Isla se yerguen dos luceros, los ojos de la amada, que la iluminan como faros cegadores.

Su belleza traspone lo material y pasa al plano de lo mítico. El poema tiene un trasfondo amenazador. El Dios del poeta, machista y celoso, en un acceso de ira le arranca los ojos a la mujer amada, por ser dueños de una luz que podría opacar la suya. Pero aun ciegos, esos ojos continúan alumbrando la Isla con el recuerdo de su mirada.

Para Pedro Salinas, la contemplación del mar que rodea la Isla se torna en vicio. En su poema *El contemplado*, el mar inunda cada resquicio de su subconsciente; sólo se siente feliz cuando está sentado frente a su manto iridiscente. No poder mirarlo equivaldría a la muerte. En la obra del poeta español, el Caribe está siempre presente, poblado de anémonas y corales de fuego, peces cotorra y peces ángel, tiburones y barracudas, seres pacíficos y seres voraces en constante ebullición biológica.

No fue hasta que me mudé a Washington, D.C., cuando entendí a cabalidad lo que Julia de Burgos y Pedro Salinas querían expresar en sus poemas. Aunque viajaba a San Juan dos veces al año, no podía acercarme a la playa. El mar me hacía daño y, cuando me desplazaba en carro por la avenida General del Valle, tenía forzosamente que mirar a la izquierda, hacia la ciudad, para evitar el reflejo deslumbrante del agua. Sabía que, si miraba hacia la derecha, no podría marcharme. Cuando por fin regresé a la Isla para quedarme, me levanté un día muy de mañana y caminé hasta la playa. Me senté sobre una duna y dejé que el mar me entrara por las ventanas de los ojos, inundándome con su presencia.

Los ojos son las compuertas del alma. Lo podemos verificar a la hora de la muerte: se vuelven caminos abandonados por los que nadie transita, lámparas opacas en las que ya no brilla la vida. Por eso, lo primero que hacemos cuando muere un ser amado es bajarle los párpados: queremos protegerlo, evitarle la vergüenza de que un extraño se asome a esos orbes vacíos, desnudos de energía y en bancarrota. Son objetos inútiles, ya no sirven de portales al paso de la inteligencia.

En los países latinoamericanos, los ojos son prendas peligrosas que las mujeres deben cuidar. Muchos de los boleros populares hablan de esta cualidad perturbadora de los ojos femeninos: *Ojos malvados*, *Lágrimas de sangre*, *Lágrimas negras*, todos recuerdan su poder maléfico. En España los ojos recuerdan el chador. Es un dato que a menudo se olvida, pero las mujeres usaron velo en gran parte de ese país por casi setecientos años. Sólo se lo quitaron cuando Isabel la Católica expulsó a los moros en 1492, después de la conquista de Granada. Varios siglos después, las tradiciones que las mujeres hispanas heredamos de nuestros antepasados siguen estando con nosotras; todavía llevamos dentro del vientre este misterio, este acertijo —el útero como guarida donde los cachorros esperan impacientes para salir al mundo—. El útero sigue siendo la Caaba, el enigma de la humanidad.

"Flechado a primera vista" se dice del enamorado, como si el amor le entrara por los ojos cual saeta. La mirada que Pentesilea, reina de las

Amazonas, le dirigió a Aquiles en *La Eneida* debió
de ser así. Aquiles enterró su daga en el cuello de
Pentesilea, pero la mirada de su enemiga resultó
tan mortal como su acto. Se enamoró de ella y perdió la razón. Por lo menos ésta fue la versión de
Virgilio, porque nunca sabremos lo que opinaba
Pentesilea.

Los ojos de las mujeres, en las batallas del
amor, pueden ser tan mortales como el puñal de
Aquiles. Por eso, antes de salir de sus casas, los
pintan con mucho cuidado. Primero, se oscurecen
el borde de los párpados con un lápiz, subrayando
su silueta almendrada o redonda. Luego, se alar-
gan las pestañas con rímel, cepillándolas hacia
arriba como si se tratara de alas que protegen las
pupilas. Finalmente, se depilan las cejas dibujando
dos arcos perfectos sobre ellas, para disparar mejor
las flechas de sus miradas.

A los puertorriqueños nos encanta echar el
ojo a los transeúntes cuando caminamos por la
calle. Los miramos de frente, como si los conocié-
ramos de toda la vida. Hacer contacto con los ojos
nos divierte enormemente; nunca se nos ocurriría
caminar por la calle mirándonos la punta de los
zapatos. Nada es más interesante para un puertorriqueño que otro puertorriqueño, y cuando nos
saludamos lo hacemos con un entusiasmo casi pe-
rruno. Nos besamos y nos abrazamos, nos damos
palmadas en la espalda, buscando otro par de
ojos al cual enganchar nuestra mirada para co-
menzar nuestro eterno flirteo.

La primera vez que miré a mi hija no podía creer que su carne hubiese nacido de la mía. Allí estaba el resultado de tanto coqueteo, de tanto tirijala de ojos por la calle, y no me arrepentí ni por un minuto. Mi bebé era preciosa. La primera vez que la sostuve entre mis brazos acaricié su pelo, suave como plumilla de ganso, y sus deditos se agarraron de los míos como gusanitos rosados. Entonces busqué sus ojos para asomarme a sus profundidades. Quería descifrar su secreto, entender cómo su carne se había ido llenando de vida durante los nueve meses que había estado oculta en las profundidades de mi vientre. Pero al fondo de sus ojos negros sólo pude discernir una luz misteriosa que parpadeaba tenuemente.

El remolino del oído

El oído es un órgano sutil y complejo, su amplio radio de resonancia varía entre veinte y dos mil vibraciones por segundo. Forma un collarín de carne rizada que sobresale levemente a ambos lados de la cabeza para mejor capturar el sonido. Cuando escuchamos la música de Mozart, experimentamos un placer invisible y misterioso, nos embarga una emoción comparable a la que sentimos al ver el sol asomarse por el horizonte.

El que no llora no mama, dice el refrán. Existe una línea de salvamento entre el hambre del niño y el llanto que alerta a la madre. El oído es el puente que hace posible la supervivencia del recién nacido. Hay varias teorías respecto a si las madres deben responder a ese llamado, teorías que cambian según van evolucionando las costumbres. Pero esa línea de salvamento, ese llanto, permanece inmutable a través de las culturas y de los siglos.

Los oídos son mudos, sólo escuchan. Los ojos, junto con la lengua, expresan lo que nos sale del fondo del alma. Pero los oídos son escaleras de acceso al mundo interior. Por ellas descendemos a las entrañas de la carne y del espíritu. Las palabras que emite la lengua necesitan de sus peldaño pues, si no, permanecen incomprensibles, detenidas en las espirales del tímpano, sin que las acune el alma camino al corazón.

El lenguaje es lo que nos hace humanos: cuando empezamos a hablar, empezamos a pensar. Pero los oídos también son imprescindibles para la supervivencia. No es por casualidad que los llevamos a cada lado de la cabeza, como dos pequeños radares, recogiendo señales allí donde los ojos y el olfato, enfocados hacia delante, no pueden alcanzar. La forma de la oreja puede determinar cómo hacemos el amor. En ciertos lugares existe la creencia de que la gente sin lóbulo, cuyos oídos se encuentran colocados cerca de las mejillas, es de carácter libertino. Los piratas de las leyendas caribeñas a menudo carecían de lóbulo, razón por la cual les entusiasmaba rebanar el de los demás. Cuando abordaban una nave, lo primero que hacían era cercenarles los lóbulos a las damas, para apropiarse de los aretes recamados de joyas.

En muchos pueblos existe la costumbre entre las mujeres de decorarse llamativamente las orejas. Esto es especialmente cierto en el caso de la mujer latinoanoamericana. Los aretes enormes de Selena eran una parte esencial de su personalidad y le insuflaban una energía muy atractiva. Ednita Nazario, Gloria Estefan y Jenniffer López suelen llevar argollas descomunales con las que celebran sus orígenes étnicos. La Dama de Elche, retratada en una escultura ibérica descubierta en Alicante que data del año 600 a. C., usa unos aretes tan grandes que parecen ruedas de carruaje y le confieren un aire de majestad.

Las orejas son un órgano femenino. Su delicado remolino de carne seduce al amante hacia sus profundidades presagiando el deleite futuro. El oído es fundamental en los encuentros eróticos: marca el camino de la primera penetración. El amante intenta convencer a la amada con la música de las palabras. Boleros, guarachas, danzas y danzones tienen como propósito requerir su corazón, pedir perdón por algún abandono, rogar disculpas por una traición. Los poemas, las frases amorosas, los suspiros, son pequeñas irrupciones que van allanando impedimentos, arrasando obstáculos a las penetraciones posteriores.

Las palabras también encienden la imaginación. Las canciones son como palomas mensajeras que enviamos para que aniden en el corazón. Un bolero puede incitar a un suicida a cortarse las venas, a un atómico a beber gasolina, a un adicto a inyectarse heroína, pero el sentimiento siempre ha de expresarse con palabras románticas. Hay algo femenino, más amelcochao que un arroz con melao, en los boleros y, sin embargo, son la composición preferida de los hombres latinoamericanos. *Arráncame la vida*, de Agustín Lara; *Dime que me quieres*, de Tito Rodríguez; *Piel Canela*, de Bobby Capó; *Amor perdido*, de Pedro Flores, se cantan para que los enamorados se hagan miel.

El remolino del oído puede ser peligroso porque puede aspirar al amante. El placer es una fuerza centrífuga difícil de resistir. "Es la amante del senador tal" dice el rumor, y una hoz baja del cielo y le corta la cabeza a la interpelada. Un secreto compartido ya no es un secreto, cuando el río suena es porque agua trae. Aunque después de todo, no hay que preocuparse tanto. Con el tiempo todo se habrá olvidado. Las reputaciones son tan efímeras como las nubes que las alimentan.

Un poema puede entrar por un oído y salir por el otro. También puede atrapar al amante haciéndole un nudo en la garganta que lo deja sin habla. "Cuando se quiere de veras, / como te quiero yo a ti, / es imposible mi cielo / tan separados vivir", cantaba Agustín Lara. El poder del oído es tal que puede arrastrarnos al remolino de la locura. En los versos de Catulo y Propercio, en los poemas de amor de Christopher Marlowe y de Pablo Neruda, en las canciones de Frank Sinatra e Ismael Rivera, escuchamos la misma voz que se queja, formulando una vez más la pregunta milenaria: ¿Me quieres o no me quieres?

El olfato de la jota

La J se asemeja a la nariz, sentada en el mismo medio de la cara. Como la letra, la nariz es sumamente versátil, se dirige a derecha e izquierda en pos de la pista que más le convenga. El olfato nos advierte del peligro. Nos deja saber si por allá jumea, como dice el dicho más dichoso del diccionario. También nos anuncia el perfume de la guayaba que, como un tropel de caballos rosados, entra por la ventana al primer hervor. La nariz pocas veces habla, pero cuando lo hace suele ser con estrépito. Soplarse la nariz en la mesa o en un teatro, por ejemplo, puede ser un asunto muy serio; obliga a todo el mundo a dejar lo que está haciendo y levantar molesto la vista para mirar alrededor. Un buen trompetazo de narices en medio de un concierto de música clásica subvierte el silencio sacrosanto impuesto por la batuta del director. A algunos hombres les encanta soplarse las narices en público, como acostumbran a hacerlo los elefantes frente a la manada. Es una manera de imponer la autoridad, de hacer constar quién es el que lleva la trompa más grande y más larga. Algunas veces los presidentes de las juntas de directores hacen lo mismo, disimulando apenas el tronar de sus narizones tras finos pañuelos de lino.

Las mujeres suelen tener narices mucho más pequeñas que los hombres y, por lo tanto, carecen del equipo apropiado para expresar convocatorias dramáticas. Disimulan sus desahogos y pequeños estornudos en la suavidad desechable del *kleenex*, restañando sus tímidas lágrimas antes de que se les corra el rímel. Pero un suspiro de *kleenex* nunca es tan efectivo como un buen bufido en pañuelo de hilo. A menudo existe cierta similitud entre los *kleenex*, frágiles y reconfortantes, accesibles con sólo alargar la punta de los dedos, y las mujeres que se sirven de ellos. Otras prefieren los pañuelos resistentes y duraderos, con sus iniciales bordadas en una esquina, que capturen las energías cuando se desbordan.

En los juegos del amor, los hombres y las mujeres se olfatean mutuamente. El olor corporal tiene mucho que ver con la atracción erótica. Al principio, no suele ser evidente, y opera al nivel subliminal. Pero cuando las parejas se enamoran, el olfato identifica perfectamente la afinidad que las atrae.

Las narices vienen en muchas tallas y formas. Está la nariz aguileña, tan común en México, que puede semejarse a un pico y conferirle al amante un aire feroz de depredador machista. Si se traza una línea recta desde la punta de la nariz hasta la frente, tenemos una nariz romana, del tipo que implica una integridad indivisible entre la razón y el instinto. La nariz inglesa está por lo general agudamente tallada y suele ser algo fría.

La primera vez que escuché hablar de Publius Ovidius Naso, el poeta romano autor del *Arte de amar*, me llamó la atención su nombre. Naso quiere decir *narigón* en latín y, aunque nunca había visto un retrato de Ovidio, estaba segura de que había escrito sobre el amor a causa del tamaño de su nariz.

A los hombres de nariz grande se les atribuye una gran potencia sexual, y los poemas de Ovidio podrían ser prueba de ello. Su libro educó a muchas generaciones romanas en todos los aspectos de las artes amatorias, desde las técnicas de seducción hasta las posiciones eróticas más atrevidas. Era un autor exquisito y tuvo un éxito enorme entre los ciudadanos romanos de la época de Julio César y del emperador Augusto. Pero un día se vio envuelto en un escándalo que le valió el exilio a las costas del mar Negro. Allí pasó los últimos diez años de su vida, escribiéndole cartas al Emperador en las que le rogaba el perdón.

Siempre me imaginé que la nariz de Ovidio sería ancha y carnosa como un bulbo. Este tipo no resulta por lo general atractivo, pero es muy cómodo para hacer el amor porque no hinca ni se entierra. Una nariz generosa puede ser muy agradable, porque su tibio aliento acaricia la piel produciendo un gran deleite. Que lo olfateen y respiren a uno palmo a palmo puede ser una experiencia orgásmica inolvidable.

La nariz resulta muy útil en los encuentros amorosos. Hay algo cómico y a la vez conmovedor en ese falo inmóvil plantado sin la menor vergüenza en medio de la cara. Todo hombre posee dos narices: la que le resuelve el problema de la respiración y lo protege de los gérmenes mientras llena sus pulmones de oxígeno; y la que lleva oculta entre las piernas. A muchos amantes les gusta jugar al juego de los olores. Se husmean en la oscuridad, buscando descubrir esencias nunca antes percibidas. Cada cuerpo es un tesoro de fragancias, íntimamente conectadas a sabores deliciosos: la pimentosa mata de pelo que ensombrece el sobaco, el sudor ácido y ligeramente alimonado de la espalda, la acanelada miel del abdomen y el banano dulce y ligeramente blando de las regiones inferiores. A menudo, cuando un olor nos agrada, empezamos a lamerlo, buscando identificarlo a fondo. Este reflejo primitivo lo compartimos con muchos mamíferos, y puede ir acompañado por ligeros mordisquillos de amor. El cuello y las orejas son territorios sensibles, muy apropiados para esos mordiscos nimios y delicados que causan vértigo. Cosquillas y pellizcos van mano a mano, acompañados a veces de escalofríos. No todos los escalofríos provienen del miedo. Puede causarlos también esa anticipación extraña que viene de saber que pronto seremos devorados.

Cuando nuestro amante nos respira en el oído, caemos en un trance y nos vemos flotando río abajo. El mundo entero nos pasa por el lado y no nos importa. Al encontrarnos así suspendidos, su espíritu entra en nosotros y aboga por su causa. No se necesitan palabras: las palabras apelan a la razón; el olfato, el gusto y el tacto apelan al instinto.

En Puerto Rico, los santeros saben que capturar el olfato del amado equivale a adueñarse de su espíritu. Por eso arman al enamorado con una batería de perfumes: Reflejo Vente Conmigo y Reflejo Polvos de Amor, por ejemplo, tienen el poder de sonsacar el alma. La nariz nos hace esclavos y, gracias al olfato, esclavizamos a su vez a nuestro amante.

La boca, los ojos, los oídos y la nariz conforman un escuadrón formidable cuando nos enamoramos. La lengua y los ojos dan curso al combate inicial. Entonces, la nariz va introduciéndose gradualmente, aspirando el olor del amado, cruzando cautelosamente las fronteras del cuerpo. Susurramos palabras amorosas en su oído, lo tocamos con los ojos y lamemos cada lugar de su cuerpo. Debilitado por esas armas temibles, el amado se rinde entre nuestros brazos.

La piel del mundo

La piel es como un mapa que nos hace tridimensionales. Sus dos yardas cuadradas nos vuelven sólidos y palpables, redondean nuestros hombros y nuestras piernas, nuestros brazos y nuestro torso. Es la frontera física que define el ser, y también la primera defensa del cuerpo contra las invasiones de gérmenes, bacterias y todo tipo de infecciones.

Nos independiza del mundo, a la vez que nos permite sentirlo con cada milímetro del cuerpo. La vista, el gusto, el olfato y el oído residen en la cabeza. Pero el sentido del tacto, quizá el más importante, abarca todo el cuerpo. Son miles los materiales que podemos identificar con los ojos cerrados sólo con poner la mano sobre ellos: sólido, líquido, metal, agua, madera, plástico, piedra. Maravilla pensar que cada centímetro del cuerpo puede sentir dolor o placer, hasta en el resquicio más recóndito. El sobaco, cóncavo y ahuecado; la ingle, desfiladero empinado; la planta de los pies, esa base frágil sobre la cual nos erguimos y desplazamos peripatéticamente por el mundo; la raíz de cada pelo: todos están contenidos dentro del mapa de nuestra piel.

El tacto hace que la piel, órgano enormemente versátil, se erice y encoja, como el moriviví. Nos permite identificar el peligro, transmitir al instante sus mensajes al cerebro, de manera que, a menudo, resulta difícil separar el estímulo de la reacción. Cuando el fuego nos quema, brincamos lejos con tal celeridad que nos parece imposible que el tacto haya sido el responsable, y lo atribuimos al instinto de supervivencia. El pelo y las uñas forman parte de la piel. Aunque son materia muerta y no transmiten sensaciones, también protegen el cuerpo del dolor.

La piel hace posible que nos relacionemos con el mundo de una manera especial. Juan Morel Campos dedicó una de sus mejores danzas al sentido del tacto: *No me toques*. Se contestó a sí mismo con otra composición igualmente llena de picardía: *Si te toco*. Cuando alguien nos toca, tenemos la sensación de que nosotros también le devolvemos el gesto. Como los ojos, la piel se transita en dos direcciones, de afuera para adentro y de adentro para afuera. Gracias a ella, nos abrazamos al mundo que nos rodea y nos ofrece el placer sensual. El mar, el desierto, la montaña, todo lo percibimos a través de la piel, que nos informa de la temperatura, la velocidad del viento, la frescura del bosque. En realidad, conforma nuestro tercer ojo; si perdemos la vista, nos permite seguir identificando el mundo a nuestro alrededor.

Nos protege y también nos expresa. Podemos llevar el sentimiento "a flor de piel" o salvarnos de un mal paso "por la piel de los dientes." La piel es una superficie orgánica sobre la cual se puede escribir. El antiguo pergamino era de piel de cabra o ternera, preparada especialmente para este fin. El papel sustituyó al pergamino alrededor del 1150 d. C., cuando los moros lo introdujeron en España. Luego, con el invento de Gutemberg, se popularizó por todo el mundo a partir de 1436.

El tatuaje es una escritura sobre la piel humana de origen muy antiguo. Reviste gran interés, porque los símbolos que se inscriben sobre el cuerpo cobran, literalmente, vida. Ray Bradbury, el autor californiano de ciencia ficción, escribió una novela seminal sobre el tema: *El hombre ilustrado*. En el año 2000 antes de Cristo ya existía el tatuaje en Egipto con propósitos religiosos y bélicos y, en el 400 d. C., se hizo popular en las Islas Británicas. Durante el 800 d. C., los fieles de la religión copta lo practicaban y, mucho más tarde, los guerreros maorí de Nueva Zelanda. Estos últimos eran famosos por los tatuajes que les cubrían todo el cuerpo. Paul Gaughin se fascinó con este tipo de arte en la Polinesia y utilizó sus motivos en sus pinturas. Aunque el arte aborigen del tatuaje se encuentra hoy casi extinto, está vivo entre la juventud de Occidente. Hoy la escritura indeleble del cuerpo constituye a menudo un lenguaje erótico que sólo los iniciados pueden entender. Como el *graffiti*, es un lenguaje de rebelión, y pertenece a una subcultura difuminada por el mundo entero.

Hay otra escritura de la piel que tiene que ver con los prejuicios relacionados con la raza. El cuerpo es un libro abierto y puede ser portador de muerte, como sucedió en Europa durante el

genocidio de los judíos en la Segunda Guerra
Mundial. Los científicos nazis efectuaron infini-
dad de experimentos con la piel judía en los campos de concentración. Recuerdo el día en que,
durante una visita a Berchestgaden, me mostra-
ron la pantalla de una lámpara hecha con la piel
de un judío perecido en Treblinka. El horror que
supuraba aquel objeto no me impidió examinarlo
con curiosidad: tenía un color marfileño y suave,
y era casi transparente. No evidenciaba vellos ni
poros, por lo cual supuse que debía de provenir
del vientre o del pecho de la víctima. En realidad,
se parecía bastante a la piel de cabritilla con la
cual se confeccionaban los guantes de rigor durante los bailes de quinceañera de mi juventud.

En Ponce, el pueblo donde nací, las emplea-
das del servicio doméstico eran casi todas negras y
como mis padres estaban siempre sumamente ocupados, me crie entre ellas. Mi niñez estuvo pobla-
da de negros que hablaban en susurros cuando se
comunicaban entre sí. Quizá por eso, la piel negra
tiene para mí un atractivo especial. La asocio al silencio, a la ternura y a la música. Y es que me dormía todas las noches en los brazos de una negra de
pechos generosos que me cantaba canciones.

Vivíamos en La Alhambra, un suburbio de
clase alta de Ponce, donde la mayoría de las vivien-
das era de estilo español. Las casas tenían dos caras: la cara blanca, que daba al jardín frontal, una
alfombra de grama esmeraldina que abría a la calle,
donde la familia celebraba almuerzos y reuniones

familiares; y la cara negra, que comunicaba con el patio, con los tenderetes de ropa, los lavaderos, el garaje y una hilera de cuartos con piso de cemento y sin ventanas donde vivía el servicio. Eusebia, mi niñera, era negra, pero no una negra amulatada ni café con leche, sino negra como la piel del mundo. Cuando me abrazaba, yo cerraba los ojos y me empinaba en la oscuridad más absoluta. Eusebia dormía en una de aquellas celdas y algunas noches sufría ataques de epilepsia. Yo lo sabía, porque a veces amanecía adolorida y me decía que la había visitado "el sambito". Mi madre no lo sabía y yo temía que, si se enteraba, la enviara de regreso a su casa en la Playa de Ponce. Yo tenía devoción por Eusebia y no quería separarme de ella.

En Puerto Rico, las abuelas se dedicaban a espulgar los árboles genealógicos de los pretendientes de sus nietas, no fuese a colarse una gota de sangre negra. Los casinos estaban segregados: había casinos para gente blanca y para gente "de color". Los clubes sociales tenían una junta directiva que podía darle bola negra a cualquiera que tuviera una gota de sangre oscura. En sus *Memorias* (1939), el gobernador William Leahy apostilla: "los líderes de la sociedad en Puerto Rico estaban orgullosos de su origen español. La pureza racial estaba considerada una prueba de sangre aristócrata". En ese comentario había algo de la sorna del que se ríe solapadamente de aquellos súbditos que se creen blancos porque tienen la piel más clara cuando, en realidad, son negros.

Me casé con un hijo de españoles que pasó con "flying colors" la prueba del "¿Y tu abuela, dónde está?". Muchos años después me divorcié y me fui a Washington D.C, donde viví durante la década de los ochenta. Me encontré allí con una sociedad que, a pesar de la lucha por los derechos civiles y los logros alcanzados por los negros, seguía segregada. Sólo que ahora el significado de la palabra *negro* se había ampliado y abarcaba también a los latinos, sobre todo a los emigrantes del Caribe, del sur y del centro de América. Por primera vez me acepté como negra.

La capital de los Estados Unidos, conocida como "The Chocolate Capital", albergaba un grupo de negros adinerados, entre ellos *Mayor* Marion Barry, que vestían con gran elegancia para asistir a la ópera en el Kennedy Center los sábados en la noche, y usaban sombrero y guantes cuando acudían los domingos a la iglesia bautista. Pero entre los negros de WDC había una particularidad: eran ellos los que exigían la segregación. No querían mezclarse con los blancos, a quienes despreciaban por abusadores y consideraban inferiores.

Me di cuenta de esto un día en que viajaba en el metro desde Du Pont Circle hasta Columbia Road. En eso entró en el vagón un tropel de niños negros de entre diez y doce años, vestidos con uniformes planchados y liderados por una maestra también negra y bien vestida. Evidentemente, pertenecían a una escuela privada. Como el vagón iba casi vacío, los niños se acomodaron riendo y jugando en los asientos próximos. Sólo quedaba libre el asiento junto a mí, que nadie quiso ocupar. Luego de un rato, el tren dio varios bandazos y la maestra le ordenó a una pequeña que todavía estaba de pie que se sentara a mi lado. La niña hizo una mueca de disgusto y escondió el rostro bajo su chaqueta deportiva. La maestra se acercó a ella y le susurró algo enérgicamente mientras la halaba por el brazo. Pero no hubo forma de convencer a la insurrecta. Con un chillido, se zafó del garfio de su tutora y, cuando se abrieron las puertas del vagón, salió disparada hacia el andén, seguida por un buen número de condiscípulas. A la maestra no le quedó otro remedio que salir atropelladamente, empujando frente a ella al resto de sus alumnos.

Me tomó unos cuantos minutos darme cuenta de lo sucedido: había sido rechazada por unas adolescentes negras. Rehusaron sentarse a mi lado porque creyeron que yo era blanca. La experiencia me causó un mal rato y estuve todo el día deprimida.

Viví en Washington ocho años, y estuve a punto de no regresar a la Isla. Me di cuenta de que la distancia y el tiempo adormecían la memoria, y que uno podía dejar de ser puertorriqueño sin dejar de hablar español. Uno era el compendio de lo que llevaba diariamente impreso en la piel: la brisa cálida del Caribe en Ponce, el viento loco del Atlántico en San Juan, los aguaceros de vejiga explotada de Mayagüez. Yo era el olor de la tierra, el escándalo de los carros en el tapón, los bacalaítos fritos de Loíza Aldea, el olor del café Yaucono en la mañana, y el recuerdo de la piel negra de Eusebia. Al estar lejos de lo que definía mi piel, mi yo se había ido decolorando como una foto vieja. Cuando entendí eso, regresé a vivir a la Isla.

En Puerto Rico, donde el prejucio racial ha sido en gran parte superado, uno no piensa si es blanco o es negro. Uno se lleva la piel a la cama todas las noches, duerme con ella y al día siguiente amanece en paz consigo mismo.

Un olor a rosas

En Puerto Rico la Virgen se aparece con frecuencia. A menudo uno oye decir que la han visto flotar encima de un monte de tintillos, en lo alto de un tanque de agua, sobre el brocal de un pozo, incluso en la cáscara de una batata. La gente ya está acostumbrada a estas apariciones y por eso, cuando en Ponce empezaron a correr rumores de que la Virgen de Guadalupe estaba inundando la catedral con un olor a rosas, a nadie pareció sorprenderle. Gilda Ventura, mi segunda niñera, me lo contó mientras me daba un baño. "Yo no creo en eso", le repliqué apretando los párpados para que el jabón no me entrara en los ojos, mientras Gilda me derramaba agua por encima de la cabeza con una dita. Por ese entonces yo tenía ocho años.

"El domingo que viene iremos a la catedral, para que veas que es cierto"— me respondió Gilda.

Las iglesias de Ponce estaban llenas de vírgenes, cada una tenía su particularidad. La de las Mercedes tenía su altar en la iglesia del mismo nombre de la calle Aurora, donde siempre se casaban las niñas bien, porque allí había un espléndido retablo barroco dorado al fuego, y estaba parada sobre un banco de nubes de merengue que flotaban a su alrededor. La Virgen de la Milagrosa, de pie sobre un pilar y rodeada de vitrales decorados con flores y cálices plateados, tenía su altar en una capilla gótica a orillas del río Portugués, en un barrio de clase media baja. La Inmaculada Concepción, que miraba hacia el cielo mientras se elevaba sobre una nube supersónica y dejaba atrás al planeta Tierra, que parecía una pelota de baloncesto azul, se encontraba en la Capilla del Obispo en La Alhambra, el elegante suburbio donde vivía mi familia. Pero la que a mí más me llamaba la atención era la Virgen de Guadalupe, que se encontraba en la catedral, en la plaza Degetau, en el mismo corazón de Ponce. Su imagen estaba detrás del altar mayor, en una hornacina muy alta y hundida en tinieblas, cerca del techo. La rodeaban unos rayos dorados y curvos, que brillaban en la oscuridad como espadas orientales.

Todas las vírgenes de Ponce, salvo la Guadalupe, parecían damas de sociedad, de tan elegantemente vestidas que iban. Hubieran podido ingresar en cualquiera de los salones del pueblo, y sentarse junto a mi madre y sus amigas a charlar y tomar café con leche y mallorcas en las tardes. La Guadalupe era distinta. Vestía un exótico manto cubierto de estrellas y se erguía descalza sobre un par de cuernos que hubieran podido ser de toro, si no fuesen de plata maciza. Pero lo que realmente la diferenciaba de las demás era que parecía negra. Nunca la habrían dejado entrar en los salones de Ponce.

La Guadalupe era la patrona de Ponce; la habían traído al pueblo los soldados españoles en el siglo XVIII. Tenía una gran cantidad de fieles y todos los años se le dedicaban las fiestas patronales. Quizá aquella devoción se debía a que Ponce tenía una gran población negra. El pueblo estaba ubicado en medio de un valle cañero y quienes cortaban la caña de azúcar eran, principalmente, negros, descendientes de esclavos traídos a la Isla, precisamente, para hacer ese tipo de trabajo, porque se decía que eran más fuertes y podían soportar mucho mejor el azote calcinante del sol. La gente más desamparada, entre ellos muchos negros, le rezaba a La Guadalupe todos los domingos. Acudían al centro del pueblo desde los barrios, muchos de ellos descalzos y vestidos de harapos, y después de misa se paraban junto a la puerta de la catedral a pedir limosna.

Mi familia asistía todos los domingos a la Capilla del Obispo en La Alhambra, y le rezaba a la Inmaculada Concepción. Pero yo conocía muy bien a La Virgen de Guadalupe gracias a Gilda. Todos los sábados en la tarde íbamos juntas a ver el episodio de turno de *El Zorro*, en el Teatro Broadway. Una vez terminada la película, corríamos las tres cuadras que nos separaban de la catedral y Gilda me hacía arrodillar junto a ella, mientras murmuraba de prisa algún rezo a la Guadalupe, con las manos entrelazadas frente a su rostro como una capillita de dedos. Luego corríamos de regreso a la puerta del cine y llegábamos justo a tiempo para que nos recogiera Carmelo, el chofer de la familia, que nos llevaba de regreso a La Alhambra en un Cadillac gris.

Ese sábado, después de la función, apenas entramos en la catedral, Gilda sintió el olor de las rosas. Yo levanté la cabeza para mirar la imagen, expuesta en su oscura hornacina. "No huelo nada —le dije—. Sólo polvo y cera."

"Te estará empezando un catarro; debes tener la nariz tapada —me respondió Gilda—. El mandil de Juan Diego está lleno de rosas; puedo olerlas desde aquí mismo."

Como se sabe, Juan Diego era el joven indio que se arrodilló a los pies de la Guadalupe cuando ésta se le apareció en Tepeyac, México, en 1531. Como él no hablaba español, la Virgen le habló en náhuatl, porque era muy lista. Yo no quería contradecir a Gilda, pero ni siquiera cuando llegamos al primer banco, justo frente al altar, sentí el olor a rosas. Se me ocurrió que, a lo mejor, estaba confundiendo a Juan Diego con Eusebio, su novio, que siempre que venía a verla a la casa, a escondidas de Mamá y le traía flores. Gilda era muy romántica, tenía varios enamorados, y los sábados en la noche a menudo se escapaba para ir a bailar a los bares de la playa.

Me arrodillé junto a ella sobre el banco de madera. Apenas empezó a rezar le pregunté : "¿Por qué la Guadalupe es negra? Todas las demás vírgenes son rubias y tienen los ojos azules."

"No es negra, es morena. Estuvo enterrada durante ochocientos años. El polvo se le pegó y ahora tiene el mismo color de la tierra".

"¿Y por qué la enterraron durante ochocientos años?" —murmuré.

"Porque unos hombres malos querían hacerle daño. Me enteré de lo que pasó en *Tizoc*, una película mexicana. Pedro Infante cuenta cómo escondieron a la Guadalupe en una cueva de las montañas, porque unos hombres malos querían destruir su imagen. Fue una película muy linda. Cada vez que María Félix aparecía en la pantalla, Pedro Infante y sus mariachis le cantaban una serenata igualita a la que me da Eusebio en el Tibidabo de vez en cuando."

Pensé que lo que Gilda me estaba contando estaba bastante cerca de la verdad. En el Colegio del Sagrado Corazón, donde yo estudiaba, me habían enseñado que cuando los moros invadieron España, la Guadalupe había sido enterrada en las alturas de una sierra, donde permaneció durante ochocientos años, para que los herejes no pudieran encontrarla.

"No eran malos. Eran árabes, y los árabes no creen en la Virgen porque creen en Mahoma" — continué molestándola.

"¡Shhhh! Déjame rezar, niña. Necesito que la Virgencita me ayude. Pronto Eusebio se marchará lejos. La semana que viene se va a California a cosechar uvas y melocotones, para ahorrar dinero y casarnos". Yo había oído ese cuento antes. Eusebio iba y venía de los Estados Unidos tan a menudo que parecía una bola de ping-pong. No sólo cosechaba fruta, también era compositor y con frecuencia visitaba las compañías disqueras de Nueva York para intentar venderles sus producciones, pero no tenía suerte. Siempre le componía canciones a Gilda al compás de su guitarra.

Eusebio era muy bien parecido. Tenía el cabello lacio y negro, mejillas prominentes y ojos

almendrados que le brillaban en la oscuridad,
igual que los de Juan Diego. Lo vi una noche que
Gilda se escapó de mi cuarto y la seguí al jardín.
Eusebio había saltado la verja y los dos estaban
besándose debajo del limonero. Cada vez que me
arrodillaba a rezar en la catedral, pedía que Eusebio no regresara nunca. Yo no quería que Gilda se
fuera, y le rogaba a la Virgencita que no escucha-
ra sus plegarias.

No dije nada por respeto a la voz triste de
Gilda. Yo sabía que estaba preocupada por su novio. Temía que algún día él se quedara en los Estados Unidos y ya no volviera para casarse con ella.
Pero estaba decidida a no dejarla rezar, así que un
ratito después le pregunté: "¿Por qué La Guadalupe tiene esas espadas tan raras a su alrededor? Las
demás vírgenes tienen nubes, querubines y flores.
La Virgen de Guadalupe es rara."

Gilda me miró horrorizada y me sacudió del
hombro. "¡No digas eso, niña! la Guadalupe es una
Virgen poderosa, esas espadas que tiene son sus rayos. No es una Virgen bobalicona, como las de las
otras iglesias. Consigue lo que se propone, y protege
a la gente que se atreve a luchar por lo que quiere".

"Bueno, pues a mí no me gusta, y ojalá que
no te escuche" —le dije, mientras los ojos se me lle-
naban de lágrimas y salí corriendo de la iglesia.

A lo mejor la Virgen me escuchó a mí, porque Eusebio dejó de venir a casa. Había encontra-
do un trabajo estable en Nueva York y decidió
quedarse por allá. Gilda todavía recibía cartas de él

de vez en cuando, pero no quería guardar falsas esperanzas, así que volvió a interesarse en los otros muchachos que la cortejaban.

Por aquel entonces Gilda no tendría más de dieciocho años y era muy linda —alta y esbelta como un almácigo, con la piel trigueña y las facciones finamente talladas—. Vestía trajes de colores alegres, y sus uñas pintadas parecían pequeñas dagas color cereza. Su boca era un arco perfecto que disparaba flechas traviesas cada vez que se reía.

Mi madre, por el contrario, siempre estaba triste. Sólo se vestía de negro. Primero había muerto su padre, y le guardó luto durante tres años; luego, murió su hermano, y guardó luto por tres años más. Nunca asistía a las fiestas ni permitía que se tocase música popular en casa. Su única salida era el viaje semanal que dábamos a Mayagüez para visitar a su madre y reunirse con sus hermanos.

Cuando yo no estaba en la escuela, pasaba la mayor parte del tiempo con Gilda. Tenía prohibido salir más allá del jardín de mi casa, rodeado por una tapia de seis pies de alto; mucho más pasearme sola a las afueras de La Alhambra. El centro de Ponce, con su catedral, sus salas de cine, sus plazas y sus calles repletas de tiendas, me parecía tan distante como el planeta Marte, aunque sólo estaba a cinco minutos en auto. Gilda dormía en mi habitación, en un catre pequeño debajo de la ventana. Cuando había tormentas y caían relámpagos nos cogíamos de las manos y nos parábamos bajo el umbral de alguna puerta; y cuando todos estaban dormidos, prendíamos la radio para escuchar a Bobby Capó, Rafael Muñoz y Daniel Santos susurrar hermosas canciones de amor a altas horas de la noche sólo para nosotras dos.

"Ahora que Eusebio y yo nos dejamos, voy a ahorrar cada centavo y un día asistiré a la escuela de enfermería. Ya verás. Voy a rezarle a la Virgen de Guadalupe y ella me ayudará a ser enfermera". Me daba pena cada vez que oía a Gilda hablar así, pues yo sabía que mi madre le entregaba casi todo su salario a su familia. Tenían catorce hijos y el padre trabajaba como fundidor en la siderúrgica. Les hacía falta cada centavo que Gilda ganaba como niñera.

Gracias a Gilda fui desarrollando una pasión por los libros. Ella era una lectora voraz. Empezamos a leer juntas *El tesoro de la juventud*, que despertó en mí la curiosidad hacia muchas cosas del mundo. Leer sobre los griegos, la Revolución Francesa o las constelaciones estelares era como volar en una alfombra mágica. Nos transportaba más allá de esa zona de tedio que conlleva la vida de todo pueblo pequeño, y nos hacía sentir vivas de verdad. En la enciclopedia también aprendimos un par de cosas acerca de la Guadalupe. Se la conocía como una virgen guerrera, porque había nacido en Extremadura, la región de España de donde venían los conquistadores.

Seguí visitando la catedral todos los sábados con Gilda y, poco a poco, me fue gustando más la Guadalupe. Los domingos, sin embargo, asistía a misa en la Capilla del Obispo, en La Alhambra, donde le rezábamos a la Inmaculada Concepción, que era la virgen favorita de Mamá. El obispo James MacManus siempre pronunciaba su sermón vestido con una sotana color berenjena que lo hacía sudar a cántaros. Era irlandés y tenía la piel muy blanca —en el pueblo le decían Marshmellow—. En su capilla siempre oficiaba en inglés, porque en La Alhambra todo el mundo lo hablaba a la perfección, pero cuando predicaba en la catedral trataba de hablar en español, para que la gente del pueblo lo entendiera. Aunque la lengua se le enredaba de tal forma, que la mayoría se quedaba en Babia.

Cuando el obispo MacManus hablaba sobre la Inmaculada en la capilla de La Alhambra, siempre se inspiraba. El misterio de la concepción de María era un suceso maravilloso, decía. Por supuesto, que a una mujer normal se le hacía imposible permanecer virgen después del matrimonio, pero sí podía seguir siendo "inmaculada", esto es, permanecer sin pecado, insistía MacManus; pura como los lirios que crecían a los pies de la imagen que se levantaba sobre el altar a sus espaldas. Y eso la esposa sólo podía lograrlo si permanecía ajena a toda pasión carnal. Aun durante el acto de procreación, la esposa debía conservarse pura. De esa forma, al morir, su cuerpo y su alma se elevarían juntos sobre una nube y alcanzarían el cielo simultáneamente, como le había sucedido a la Virgen. Su carne nunca se pudriría; viviría para siempre en el seno del Señor. Aquella idea me encantó y me hice devota de la Inmaculada Concepción.

Una noche, mientras yacíamos en nuestras camas en la oscuridad, Gilda me susurró: "Cuéntame de qué habló Marshmellow hoy en la iglesia".

"Dijo que todas las jóvenes debemos rezar para que cuando nos casemos nuestros maridos nos respeten durante el acto de procreación; que los hombres decentes sólo se casan con jóvenes vírgenes."

Gilda se tiró una trompetilla e hizo una mueca que sólo logré ver a medias a causa de las tinieblas. "¿Y eso qué quiere decir? ¿Que no se casan con viejas? ¡Zángano! ¿Y qué dijo sobre la educación de la mujer?"

"Nada. Dijo que las jóvenes debemos imitar a la Inmaculada; debemos permanecer puras hasta después de casadas. Nuestro deber es quedarnos en casa y cuidar de los hijos. Después de graduarnos de la escuela superior, no necesitamos estudiar más".

Gilda silbó bajito. "Espero que no te hayas creído eso. ¿Y qué me dices de los griegos, de la Revolución Francesa, de Orión y de todas esas maravillas sobre las que hemos leído en *El tesoro de la juventud*? ¡Es posible que yo no logre ir a la universidad, pero si tú no vas, nunca te lo perdonaré!"

Gilda me miró, y noté que sus ojos brillaban en la penumbra más de lo acostumbrado. No le respondí. Yo sabía que mi madre estaba de acuerdo con el Obispo y pensaba que, cuando terminara la secundaria en el Sagrado Corazón, debería quedarme en Ponce hasta que me casara. Mi padre

me había prometido que si yo quería, me manda-
ría a estudiar a un colegio a los Estados Unidos,
pero la idea me aterraba. Yo no hablaba inglés muy
bien y nunca había estado lejos de casa. Pero si no
hacía el bachillerato en el continente, jamás iría a la
universidad. En ese entonces en Ponce no había
universidad, y asistir a la de Puerto Rico, en Río
Piedras, hubiese sido inconcebible. No había un
pensionado decente donde las jóvenes de buena
familia pudieran quedarse a vivir por un tiempo.
En el continente era distinto. Las chicas podían ir a
cualquier parte sin necesidad de chaperona, y so-
lían estudiar su bachillerato donde querían. Los
Estados Unidos estaban lo suficientemente lejos
para que nadie se enterara, o para que la gente de
Ponce levantara chismes al respecto.

El asunto no se resolvió hasta 1952. Yo tenía
trece años y estaba a punto de terminar el octavo
grado cuando ocurrió algo terrible: mi madre descubrió que Gilda estaba encinta y le dijo que se mar-
chara a su casa. Me enteré cuando llegué de la
escuela; ni siquiera pude decirle adiós. Hizo sus ma-
letas y regresó al barrio miserable en donde nació.

Todo mi mundo se vino abajo. No tenía la
menor idea de dónde vivía Gilda y era peligroso
tratar de encontrarla. Carmelo jamás me llevaría
en el Cadillac sin el permiso de mi madre. Tendría
que ir a pie por todo Cuatro Calles, preguntando
de casa en casa si alguien sabía dónde vivía Gilda
Ventura.

Me enteré de lo sucedido por Aurelia, la cocinera, quien me aseguró que Gilda probablemente acabaría con siete hijos de siete hombres
distintos y tendría que criarlos por su cuenta, porque los hombres puertorriqueños eran todos unos
sinvergüenzas. Dejaban a las mujeres encinta y
luego se largaban solos a Nueva York. Su amiga
Gilda acabaría en el infierno si no se arrepentía y
enmendaba su rumbo. Fui llorando donde Mamá a
preguntarle si era verdad que Gilda se había mar-
chado. Ella me aseguró que no había tenido más
remedio que despacharla. No estaba casada, era
una pecadora y en su estado no podía quedarse.
Pero después de tener el bebé, Gilda podría volver
a trabajar con nosotros.

Me enojé mucho con mi madre; Gilda no era
ninguna pecadora y yo no podía creer que la hubiese tratado de aquella manera. Cogí un par de tijeras
y me trasquilé la melena —mi tortura y el orgullo
de mi madre—. Mamá hacía que Gilda me cepilla-
ra el pelo todos los días, después de frotarme el crá-
neo con Tricófero de Barry, un líquido rojizo que
apestaba a quinina y que supuestamente hacía que
mis cabellos crecieran fuertes y brillantes.

Esa noche lloré hasta quedarme dormida, y
al día siguiente saqué mi bicicleta del garaje para
hacer algo que nunca había hecho antes: salí corriendo más allá de La Alhambra y me fui al pueblo
por mi cuenta. Dejé la bici frente a la catedral, corrí
hasta el altar y me arrodillé frente a la Guadalupe.
"¡Tú eres más poderosa que la Inmaculada! —le

grité llorando a lágrima viva—. Proteges a la gente que lucha por lo que quiere. Si puedes hablar en ná-huatl, puedes ayudarme a aprender el suficiente inglés para irme a estudiar a los Estados Unidos. Tal vez allí me encuentre con Gilda."

Al día siguiente le comuniqué la decisión a mi padre. Él cumplió su promesa y ese otoño me mandó a un internado en Massachussetts. Más adelante fui al Manhattanville College de Nueva York, y me gradué en 1960. Pasaron dieciséis años antes de que volviera a ver a Gilda. Por aquel entonces yo vivía en San Juan y escribía artículos para el periódico *El Mundo*. Mi primer libro de cuentos estaba a punto de publicarse cuando Gilda vino a visitarme a casa; no sé cómo averiguó mi dirección. La reconocí apenas le abrí la puerta. Vivía en Nueva York y había vuelto de visita. Eusebio había conseguido un trabajo como guitarrista en una orquesta del Bronx, y había ahorrado lo suficiente como para mandarle un boleto de avión. Llevaban ya quince años de casados. Gilda se veía igual que siempre: alta, morena y esbelta como un almácigo. A su lado había una hermosa niña de dieciséis años idéntica a ella. "Debes de haber ido a la universidad en los Estados Unidos después de todo, niña, porque he visto tus artículos publicados en *El Mundo*", me dijo con una risita pícara, mientras yo la abrazaba emocionada y las hacía entrar.

La vida de Gilda había sido un éxito, gracias a lo devota que era de la Virgen de los Conquistadores. Cuando llegó a Nueva York trabajó un tiempo como voluntaria en el *Lincoln Hospital* del Bronx, hasta que nació su hija. Después se quedó en casa por un tiempo cuidando a la niña, pero en cuanto le fue posible, regresó al hospital para estudiar en la escuela de enfermería. Eusebio le pagó los estudios; ahora era un compositor de salsa famoso y tocaba en la orquesta de Rubén Blades; ganaba muchísimo dinero.

"¡Te felicito! —le dije a Gilda, cuando oí las buenas nuevas—. La Virgencita de Guadalupe nos ayudó a ganar la batalla a las dos, después de todo."

Las manos del placer

Las manos son el origen de muchos de los placeres: comer, escribir, pintar, tocar música. Sobre todo, son origen del tacto, de la caricia. Acariciamos al amado y nos acariciamos a nosotros mismos. Las puntas de los dedos son como rizomas a través de los cuales la sabiduría del amor alimenta nuestros cuerpos.

La palma es un lugar íntimo en el cual llevamos grabado el misterio de nuestra personalidad. Si los ojos son el espejo del alma, las líneas de la mano nos ofrecen el mapa de nuestras vidas. La palma puede extenderse hacia abajo y hacia arriba, hacia adentro (palpándonos a nosotros mismos) y hacia afuera (palpando el mundo). Con cada movimiento la mano expresa algo: lo que pensamos, lo que deseamos, lo que rechazamos.

Las manos pueden ser tiernas o voluntariosas. Pueden vengarse de la traición y de la violencia. Lucrecia Borgia asesinó a su marido infiel, Alfonso de Aragón, dejando caer una perla envenenada en su copa de vino. Más recientemente, Lorena Bobbit, la manicurista de El Salvador, le cercenó el pene a su marido en Maryland con una tijera de recortar cutículas, para vengarse de las palizas que recibía de él.

Cuando estamos enamorados, las manos son como alas. Las caricias nos sacan de la realidad, nos hacen sentir libres. Soltamos las amarras y entramos a un espacio en el cual nos consumimos voluntariamente. Rozamos el rostro del amado con los dedos, acariciamos sus hombros, extendemos las palmas sobre su pecho, presionamos sus nalgas para atraerlo a nosotros y hacer que su cuerpo entre en nuestro cuerpo.

Los dedos son los exploradores del amor; descubren el territorio amado. Conforman una falange de expedicionarios, cada uno con su propio cerebro. El índice señala el camino hacia ese lugar mágico en el cual el pene de Odiseo entra a la cueva mítica de Circe. El dedo del medio es la figa que conjura el mal de ojo. El anular está conectado a la vena *amoris*, la vena del corazón, que ciñe la alianza del matrimonio. El meñique es el líder del club de los corazones solitarios, el dedito "vente conmigo", que empleamos para llamar al "jevo" que nos devuelve la libertad cuando el amor nos traiciona. El pulgar es el que les pega a las congas, el líder poderoso que les impone el ritmo a los otros dedos que van marchando junto a él por el camino de la vida.

Las manos del escritor

Un día mi madre se cansó de verme garabatear con la izquierda y me arrancó el lápiz de la mano. "Los zurdos no van al cielo —me dijo, escondiéndome el Eagle—. Si quieres evitar el infierno, más vale que te vayas acostumbrando a escribir con la derecha".

Para Mamá todo lo que iba en contra de lo establecido estaba prohibido. Ella era conservadora desde la punta de la cabeza hasta la punta de sus zapatos romos y de tacón bajo. "¡Pero si da lo mismo, Mamá! Un lápiz escribe por ambos lados".

Ella no podía aceptar aquello. Los zurdos eran seres impedidos. Los pomos de las puertas y los grifos de las bañeras todos giraban a la derecha. En la escuela no había escritorios para ellos; a la hora de sentarme a la mesa le enterraría el codo en las costillas a mi vecino, haciéndolo derramar la sopa. Un día en que yo insistía en escribir con la izquierda, Mamá me ordenó que me callara y soltó una maldición. Nunca lo supo, pero aquella maldición selló mi suerte. En aquel momento decidí ser escritora.

En español hay tres palabras para describir al zurdo: dos de origen prerromano: *zurdo* e *izquierdo*, y una de origen latino: *siniestro*. Tanto zurdo como izquierdo están emparentados con el gallego *xurdo* y con el vasco *zur* y *exquer* (torpe, agarrado, torcido). *Siniestro* viene del latín *sinistrum* (contrario a *dextrum*). Mamá desconocía la etimología de estas palabras, pero es posible que la sospechara. Ser zurdo conllevaba para ella una afinidad con las ideologías de izquierda, que luego me traerían problemas. A Mamá no le importaba que para eso faltara mucho tiempo: yo sólo tenía siete años. La mano derecha estaba en lo correcto y la izquierda estaba equivocada. Por aquel entonces Papá ya se había iniciado en la política y se postulaba para alcalde de Ponce. Si yo iba a ser miembro del partido conservador en el futuro (Republicano y, años después, Penepé), tenía que escribir con la derecha.

Los escritores escriben para liberar el pensamiento, para sacar la realidad que suprimimos a la superficie. Decir que un escritor es zurdo es una afirmación tautológica; ser zurdo es por naturaleza ser rebelde, y todos los escritores lo son. El escritor es un interpretador de augurios, un tejedor de ensalmos que van contra la corriente. Aunque a instancias de Mamá empecé a escribir con la derecha, en el fondo siempre seguí siendo zurda.

En aquella época se suponía que los hijos no debían contradecir a los padres, así que Mamá fue a la escuela y le pidió a la maestra que me envolviera la mano izquierda en esparadrapo para que no pudiera usarla. Me puse furiosa y estuve resentida con ella por mucho tiempo. Hacía todo lo posible por escribir con la derecha, pero se me hacía difícil sostener el lápiz entre el pulgar y el índice, y se me resbalaba torpemente contra el anular. A causa de esto mi caligrafía era atroz, yo misma no podía leer lo que escribía. La falta de uso debilitó mi mano izquierda, de manera que tampoco podía leer lo que escribía con ella.

Durante el verano de octavo grado decidí matricularme en unas clases secretariales en la Escuela H. Perry, en Ponce. Los chicos me aburrían, así como los pasadías y los trajes; la cosa que más me gustaba era tocar el piano. Gracias a las clases

de piano con Luz Hutchinson, de la Academia
Ponceña de Música, mis manos se habían vuelto
ágiles e increíblemente rápidas. Las palabras salían
de mis dedos con una velocidad sorprendente. Mis
padres me animaban a que me dedicara a la música. Una pianista podía ser femenina, expresiva y, a
la vez, muda, lo que me evitaría problemas. En boca cerrada no entran moscas, y mucho menos las
políticas.

Cuando aprendí a escribir a maquinilla des-
cubrí un nuevo mundo. Podía entender lo que escribía. Las palabras salían de mis manos tan
rápidas como los arpegios que practicaba diariamente en el piano. No tenía que memorizarme la
partitura, y lo que escribía tenía sentido. No eran
sólo sonidos bellos. La música era maravillosa, pero cuando terminaba de tocar una pieza siempre
me sentía vagamente frustrada, sin haber logrado
expresar lo que sentía.

Años después abandoné el piano y empecé
a pasar más tiempo escribiendo. En la maquinilla,
como luego en la computadora, podía escribir con
las dos manos, la izquierda y la derecha; presentar
varios puntos de vista, armonizar actitudes contra-
rias o intentar explicarlas. El mundo dejó de ser
blanco y negro, como las teclas del Steinway de casa, y se matizó de miles de colores. Daba exactamente igual usar la izquierda o la derecha y el
asunto dejó de preocuparme. Había resuelto mi
crisis de identidad.

Nunca me arrepentí de ser escritora. Las manos del escritor son mucho más versátiles que las del pianista: van y vienen sobre el teclado extraordinario de las emociones humanas. Dan esperanza, acarician y consuelan, aunque, a veces, tengan el deber de hacer todo lo contrario. ¿Qué lugar les es inaccesible?¿Adónde pueden prohibirles que vayan?

El vello de Venus

Largo o corto, lacio o crespo, el vello crece por todo el cuerpo, abrigándonos como en una crisálida. Los pelos son órganos del tacto, como las antenas de los camarones o los bigotes de los gatos. Forman una red mágica que nos hace conscientes de nuestro entorno —de la temperatura, el viento, el polvo— así como de la presencia de otros seres a nuestro alrededor. Nos advierten, al erizarse, si hay peligro; nos anuncian si alguien nos está cortejando. Walt Whitman, con su larga barba de profeta, sabía de lo que estaba hablando cuando escribió: "We are the body electric" ("Somos el cuerpo eléctrico").

Los dos polos pensantes de nuestro cuerpo están cubiertos de pelo: la cabeza, que piensa racionalmente, y el sexo, donde se piensa de otra manera. Ambos son imprescindibles para la supervivencia. Todos los vellos participan cuando estamos haciendo el amor. Nos encanta acariciar el cabello del amado, le comunicamos nuestro amor a través de sus hebras ligeramente electrizadas por la energía de nuestra mano.

El cabello es un banderín que nos avisa si el amante está disponible. Las mujeres se sirven de él como el matador de su capa, para atraer y confundir al macho en los eternos lances de amor y muerte. Rapuntzel le arrojó las trenzas a su amante desde su alcoba para subirlo hasta su ventana, y su pelo fue una escala para la satisfacción del deseo.

También el pelo es seña de envejecimiento. Exuberante en la juventud, empieza a caerse y pierde su brillo con el paso del tiempo. Los colores se desangran, hasta los tonos más apasionados y profundos —rojo, carmelita o negro— palidecen hasta llegar a la ausencia, a la plata del invierno. Polo Norte y Polo Sur se tornan calvos: arriba, colinas arrasadas por el viento; abajo, ventisqueros pelados. Otra peculiaridad de los vellos es que empiezan a despuntar donde no deben: en la suave concha del oído, dentro de las delicadas ventanas de la nariz.

El vello púbico nos defiende de las picaduras de insectos, del roce de un cuerpo contra otro, del calor excesivo. Nuestro cabello puede ser lacio o rizo, grueso o fino como tela de araña, pero el vello púbico es siempre encaracolado, encrespado como viruta de madera recién cepillada. En el fondo todos somos oriundos de África. Tiene muchos nombres: *pelo pasa, corresconde, caracolillo, tirijala*. Es como un fino resorte que lo trae a uno de vuelta a la oscuridad primordial, al matorral salvaje donde todo empezó cuando menos lo esperábamos. Las mujeres son expertas escondiendo este tipo de secreto. El Matto Grosso es a la vez la zorra y la cueva de la zorra, el animal y su guarida. Cada mujer oculta un hombre embigotado debajo de su falda.

En la civilización occidental *la chevelure de la dame*, de la tradición caballeresca, ha inspirado a incontables poetas y pintores, pero el pelo púbico no aparece como tema hasta la Edad Moderna. En el Renacimiento, Sandro Boticelli pintó *El nacimiento de Venus*: Simonetta Vespucci emergiendo del mar cubierta con un manto de cabellos dorados que parecen serpientes, tal es la energía con la que se enroscan alrededor de su cuerpo, mientras oculta su sexo totalmente desnudo con una mano. En la *Eva* de Lucas Cranach el Viejo, la dama ensombrerada se cubre el sexo desguarnecido con una diminuta hoja de parra. La *Olympia* de Manet se reclina sobre sus almohadones mientras se acaricia el sexo, blanco y liso como el marfil, frente a su criada negra. El único pintor que se atrevió a sugerir el vello sobre el sexo femenino fue Francisco de Goya y Lucientes. Su *Maja desnuda* lleva una masa de rizos negros alborotándole la cabeza, y sobre el pubis una delicada hilera de vellos que recuerda el bozo de una adolescente.

El torso de la mujer destella inmóvil sobre el Monte de Venus, que define su existencia como ser humano. El vello púbico cubre ese monte, y lo transforma en montaña negra, en pirámide dorada o en rojo volcán. Su blanda V es un espacio amigable, cómodo altar cicládico, tabernáculo de la sonrisa más íntima. El Monte de Venus es la antítesis del Monte de los Olivos donde, la víspera de su crucifixión, le dieron a beber a Cristo del cáliz del sacrificio.

El Monte de Venus puede ser también un aterrador portal gótico, la entrada ojival a una cueva endemoniada rodeada de estalactitas y estalagmitas, donde se hala el pistón y se mete en su sitio. Sylvia Plath, en su poema "Medusa" (de *Ariel*) describe el sexo femenino como un "Viejo cordón umbilical cubierto de lapas/ Atlántico cable submarino que se mantiene/ milagrosamente en buen estado". ("Old barnacled umbilicus, Atlantic cable/ keeping itself, in a state of miraculous repair.") La vagina aparece a menudo en los mitos clásicos como Aracne, la araña que atrapa a los hombres en su red, o como la Gorgona de rizos de serpiente cuyo espectáculo petrifica a los hombres que se atreven a mirarla.

Los rizos masculinos

Aunque el tema del vello en los hombres no se ha tratado con tanta asiduidad como el de la cabellera femenina, también se encuentra presente en el arte occidental. Los bucles de Sansón, en las pinturas de los clásicos, representan la virilidad. Cuando Dalila, aliada de los fililisteos, le rapó la cabeza, el guerrero perdió su fuerza, y sus enemigos lo capturaron y lo dejaron ciego. Y Sansón no recobró su potencia hasta que el cabello volvió a crecerle; entonces sacudió las columnas del templo y lo derrumbó sobre la cabeza de los filisteos.

Los títulos *zar* y *káiser*, asumidos por los monarcas en Rusia y Alemania, aluden al "melenudo" cabeza del Estado. Hasta Napoleón, quien empezó a quedarse calvo a temprana edad, le ordenó al pintor Auguste Dominique Ingres que lo retratara con sendos rizos acariciándole las sienes, mientras se coronaba a sí mismo emperador. Jasón el Argonauta, personaje de la mitología clásica que zarpó de Grecia camino a Asia Menor en busca del vellocino de oro, además de rubio y bien parecido, poseía una barba exuberante. Medea, la princesa bárbara de Colchide, se enamoró locamente de él y robó el vellocino para obsequiárselo. Cuando Jasón la traicionó y, llevándose el tesoro, regresó a Grecia para casarse con una princesa, Medea envenenó a sus hijos.

El prejuicio púbico

El clásico desnudo masculino, como el femenino, está desprovisto de vello púbico. A excepción de algunas esculturas griegas, en las cuales el sexo masculino se encuentra rodeado de uno que otro rizo lacio y desvaído (nunca de pelo pasa), la mayoría de los penes clásicos aparecen adscritos a un abdomen liso y plano, como parte del cuerpo perfecto de los atletas. Este también suele ser el caso de la pintura occidental, así sucede con la figura de Adán en la Capilla Sixtina, pintada por Miguel Ángel.

¿Por qué se considera tabú el vello púbico cuando el cabello que cubre la cabeza se emplea tan asiduamente en la tradición artística occidental para representar la atracción o la potencia sexual? El vello púbico tiene un aura de escándalo y brujería, su mera presencia saca chispas por todas partes. Aunque muchos artistas contemporáneos como Pablo Picasso, Egon Schiele y Francis Bacon se regodearan pintando los vellos del sobaco y del pubis, y hoy se pague un capital por sus pinturas, el miedo a exhibirlos sigue estando muy presente.

Los europeos no son tan puritanos como los norteamericanos en cuanto a este particular. En Francia y Alemania muchas mujeres no se depilan. El pelo púbico se considera algo natural, y a menudo puede verse en las playas asomando por los bordes de los bikinis. En Puerto Rico el prejuicio sigue muy vigente, y recientemente la cera se ha hecho popular (la depilación fue originalmente una costumbre del Medio Oriente, sobre todo, turca). Algunas personas asocian la depilación al fenómeno punk, un proceso postestructuralista que recoge ecos de muchas culturas, como los tatuajes o los *piercings* en la lengua y en el ombligo. Sea como sea, la depilación se ha vuelto un hábito, y hoy casi todos los *spas* la ofrecen como parte de sus servicios. Una capa de cera derretida se unta sobre la piel con una espátula de madera y una tira de gasa se extiende sobre la superficie. Luego se hala y se arranca el vello de raíz. Aunque suene a tortura medieval, el proceso es casi indoloro —la sorpresa y la rapidez son tan efectivas como la anestesia— y los beneficios son muchos. No sólo se cumple con los preceptos sociales de ocultar decentemente el vello haciéndolo desaparecer, sino que les permite a los amantes disfrutar de una piel sedosa entre las piernas y en los sobacos.

A pesar de estas actitudes decadentes de nuestra sociedad hacia el vello, todavía hay parcelas del cuerpo donde a los pelos púbicos se les permite crecer libres y salvajes. Esos parches como matorrales tupidos nos recuerdan que, a pesar de nuestra apariencia sofisticada, estamos más cerca de la naturaleza de lo que aparentamos. Cuando nos metemos en la cama en las noches, nos encanta tejer nuestros dedos en la maleza de vellos que rodea los genitales de nuestro compañero, o quizá, consoladoramente, en los propios. Es como perdernos en la selva primordial que habitaban nuestros ancestros. Allí, a pesar del hambre, de estar expuestos a la inclemencia de los elementos, a la enfermedad y a la muerte, el contacto con el bosque púbico hacía olvidar todos los males y devolvía la felicidad. Hoy, a pesar de las amenazas del terrorismo, del calentamiento de la atmósfera y de la guerra nuclear, afortunadamente, podemos hacer lo mismo.

Oda al culo

La mujer puertorriqueña siempre se ha sentido orgullosa de su culo. Le gusta esa parte de su cuerpo y suele ser muy consciente de ella cuando camina por las calles de San Juan. En nuestra isla, el culo es como una piedra imán que atrae los ojos de los hombres. Si se siente deprimida porque tuvo una garata con el marido, se embute los Calvin Klein con ayuda del calzador, se sube a los tacos de picar hielo y se va contoneando las nalgas por Fortaleza hasta llegar a La Bombonera. Allí se acomoda en un taburete del *counter*, y pide una mallorca aplastada en el *grill* con mantequilla y un café con leche a lo de antes, mientras disfruta de las miradas amorosas de los hombres. En cuanto el dulce perfume a mallorca tibia y a café recién "colao" le hace cosquillas en la nariz, su espíritu rejuvenece. El resto de la semana se arrastra y sobrevive.

Sospecho que es por culpa de esta obsesión con el culo que disfruto tanto de las visitas al zoológico. En cuanto llego, me dirijo a la jaula de los monos. Me encanta observarlos. Caminan sobre las patas traseras y un poco inclinados hacia adelante, apoyándose sobre los nudillos de las manos para mantener el balance. Siento compasión por ellos porque se quedaron a medio camino: bajaron de los árboles, pero nunca lograron ponerse de pie por completo. Tienen culos escurridos y flacos, dos paletas rosadas que van y vienen, semiocultas entre madroños de pelo. Le doy gracias a Dios por el culo generoso y blando del ser humano.

Cuando nuestros ancestros empezaron a caminar en dos patas, las nalgas formaban una parte importante del equipo motor que los impulsaba hacia adelante. Gracias a los músculos de las nalgas y los muslos, podían correr más rápido por las sabanas del África, subirse a los árboles a coger frutas y, eventualmente, abrir el suelo para plantar un esqueje. La palabra *sedentario* viene del latín *sedens*, que quiere decir *sentarse*. Si hoy podemos sentarnos al *counter* de La Bombonera a comernos una mallorca untada de mantequilla es porque el culo de uno de nuestros ancestros era más grande que el de los demás, y un día lo ayudó a ponerse de pie. Darwin y la selección de las especies se ocuparon del resto.

Resulta imposible pensar en el culo como algo separado de la vagina. Ambos están conectados por un pequeño triángulo de carne llamado *perineo*. Aunque situado entre dos volcanes, puede sentirse tan frío y distante como la Patagonia: allí no crece nada, excepto maleza púbica. La vagina, por contraste, esa caverna misteriosa en donde todo comienza, es un blando abismo de placer y de vida. La mujer sabia se sienta sobre ella como sobre un trono acojinado, ocultando el triángulo sobre el cual reina suprema.

El culo es misterioso, está siempre yendo y viniendo, atento a su propio ritmo bajo faldas y pantalones. En los países del sur es todopoderoso, mientras que en el norte suelen llamar más la atención las tetas. "Bevette piú latte", cantaba Anita Eckberg en *La dolce vita*. "Bendito sea el culo que te parió y las tetas que te amamantaron", es un piropo que todavía se escucha por las calles de España. Una norteamericana se daría la vuelta y le propinaría una cachetada al atrevido floretero, pero la puertorriqueña más bien se avergonzaría, dudando si sonreír o no. En el fondo nos agrada que nos piropeen, los silbidos admirativos son bienvenidos, no importa de quién vengan, al que Dios se lo dio, que San Pedro se lo bendiga. Me di cuenta de eso una vez que caminaba por las calles de Teherán con mi primer esposo, a quien las costumbres locales agradaban sobremanera. Él iba tres pasos frente a mí en compañía del guía, enfrascado en una conversación entusiasta acerca de la política local, sobre la cual no podían opinar las mujeres. Durante un largo trecho nadie me dirigió la palabra, y tuve que caminar en silencio y con los ojos bajos. Me sentí absolutamente desgraciada.

El culo femenino ha sido objeto de elogios durante siglos. En su poema "Enigma", por ejemplo, don Francisco de Quevedo describe las nalgas como "gemelas idénticas, nacidas de un único parto". "No hay vida penitente cual la nuestra/ se quejan éstas de ir siempre de tapadas entre el vulgo,/ que consideraría indecente exhibir/ nuestro tercer ojo". Ese tercer ojo que las mujeres ocultan debajo de las faldas hace posible una segunda manera de ver las cosas. Luis Palés Matos en su poema "Majestad negra" describe a la reina africana, Tembandumba de la Quimbamba, sacudiendo su culo monumental, mientras de su inmensa grupa resbalan "meneos cachondos que el congo cuaja/en ríos de azúcar y de melaza".

Cuando pienso en el culo, inmediatamente pienso en la palabra *nalgas*, uno de esos términos que no se pueden traducir; imposible equipararlo a *buns*, por ejemplo, su equivalente en inglés. La palabra *nalgas* nos tiembla imperceptiblemente sobre la lengua, mientras que *buns* es quieta y compacta, y emite un leve perfume a pan recién horneado.

El perfume es también uno de los atributos sexuales más notorios del culo. El olor marino a algas que nadan en cavernas submarinas puede conferirle una gran seducción. Los efluvios del cuerpo a menudo están relacionados con la reproducción, pero también el placer aguarda en su laberinto, acechando como un minotauro que se hace el manso. El culo huele muy distinto a los pechos, proveedores de sustento y calor, que nos recuerdan la inocencia de la niñez. Tan cerca de la vagina, puede volverse indomeñable, casi salvaje: "Más tira un pendejo de chocha que una locomotora", sentencia el refrán.

Algunas mujeres critican la representación publicitaria del culo, retratado en posters tamaño monstruo que se exhiben junto a las carreteras cuando bajamos a setenta y cinco millas por hora por la autopista. La modelo de bikini que anuncia Pabst en la playa, por ejemplo, camina por la arena blanca, la melena rubia trenzada yendo y viniendo sobre las ancas, mientras el chofer del camión le pega un bocinazo al pasarle cerca. Iris Chacón, "la vedette universal", la dueña del culo más famoso de la Isla, protagonizó hace algunos años un anuncio televisado para Esso Standard Oil. La filmaron apoyada contra el tapalodos de un Chevy, montada en tacos de punzón y vestida con un overol de spandex imitación piel de tigre, mientras levantaba el culo formidable y cantaba con una vocecita risueña: "Ponga un tigre en su tanque".

El anuncio levantó muchas ronchas pero a mí me pareció acertado. No obstante la eficiencia acrecentada de su cerebro y su cada vez mayor injerencia en los asuntos de la sociedad, la base del poder de la mujer sigue siendo, que nadie lo dude, el culo. Gobernar un país, dirigir un negocio, construir un imperio, todo puede verse como distintos modos y formas de sacudir el culo. Sea bomba, mambo, plena, salsa, guaracha o merengue, el eje del movimiento del alma es siempre el culipandeo. El nalgatorio es un fetiche que podrá parecer poco glamoroso en ciertos círculos, pero con el que nos identificamos plenamente. Por eso, cuando hacemos el amor, nos gusta sostener las nalgas entre ambas manos mientras sacudimos la rabadilla alegremente y sin remordimiento.

El purificador del cuerpo

A veces el cuerpo humano me hace pensar en un canelón: es un tubo o cilindro de masa con

un hueco arriba —la boca llamativamente dibuja-
da con pintalabios rojo— y otro abajo —el culo sa-
biamente oculto entre las nalgas para protegerlo
de los insectos—. Topográficamente hablando, el
esófago y los intestinos, conectados respectivamente a la boca y al ano, están en realidad fuera
de mi cuerpo. Forman parte de mi espacio exterior, mientras que mi corazón, mis pulmones, y
otros órganos insertos en mi carne pertenecen a
mi espacio interior. El hueco de arriba me alimenta, mientras que el de abajo me purifica. La segunda boca le devuelve al mundo lo que la
primera le arrebata, a la vez que expele las toxi-
nas y fibras nocivas para el cuerpo. Gracias a ella
soy una persona saludable.

Cagar es una actividad cómica y a la vez heroica. Don Francisco de Quevedo una vez le reco-
mendó a un amigo enamorado de una mujer que
lo rechazaba: "imagínatela cagando y ya verás que
pronto la olvidas". Así se repondría pronto de su
melancolía. A pesar de que el ano es el portal por
el que expulsamos toda suerte de materias tóxicas
que han sido filtradas por el hígado y otras alma-
cenadas en la vesícula, en la imagen romántica que
la tradición le ha adjudicado a través del tiempo, el
culo sigue siendo un lugar donde se llevan a cabo
ocupaciones poco elegantes.

La primera vez que vi la escultura *El Pensador*
de Auguste Rodin me pareció ridícula; estaba segura de que se hallaba sentado sobre el inodoro, con-
centrado en expulsar un vulgar mojón. Sin embargo,

está considerada una obra maestra. Me pregunto: si a la Venus de Milo la hubiesen tallado en semejante pose, ¿también se la tendría como un hito artístico?

Cagar y mear son temas desprestigiados por la sociedad y marginados por los artistas. Casi nadie va al baño en las películas. Aunque en los films europeos se han dado algunas excepciones, como por ejemplo *Sette Bellezze*, en la que Giancarlo Giannini se cae dentro de una artesa llena de mierda cuando está cagando en una prisión nazi. En la pintura universal hay pocos cuadros en los que aparezca gente defecando, a excepción de uno que otro de el Bosco, en los que se ve a los campesinos acuclillados, con los pantalones bajados en medio del campo.

La literatura ha tratado el tema igualmente de lejos y con remilgos. En un capítulo del Quijote, Sancho Panza escucha los molinos de los batanes dando golpes en la oscuridad y se caga encima de miedo. Don Quijote lo amonesta diciéndole: "Hueles, Sancho, y no es a rosas". En *Gargantúa y Pantagruel*, vemos a Gargantúa limpiarse el culo con la pluma blanca del sombrero de una dama y en "The Miller's tale", de *The Canterbury tales*, el héroe de Chaucer saca el culo por una ventana para expulsar mojones. Sin embargo, no recuerdo una sola escena en la que aparezca una mujer cagando en toda las obras de literatura clásica que he leído.

Cagar es uno de los pocos placeres que nos quedan cuando envejecemos. Podemos volvernos impotentes, abandonar el alcohol, las calorías y las grasas, pero seguimos cagando fielmente todos los días. Hay un placer sensual en sentir un gran mojón deslizarse por obra de la fuerza de gravedad fuera del cuerpo; nos sentimos maravillosamente aliviados y ligeros. Defecar continúa siendo una de las sensaciones más ignoradas por la literatura, una mina rica en posibilidades.

Otra actividad importante llevada a cabo por el trasero es la de librar el cuerpo de gases tóxicos. Aunque a la expulsión de ventosidad por el ano se la llama en español de muchas maneras —pedo, cuesco, flatulencia—, en Puerto Rico preferimos la palabra *peo*, una de las más descriptivas del idioma. El caribeño le quita la d y deja que las vocales e y o se unan en un solo sonido que se alarga con el aliento. La palabra *pedo* suena demasiado fina, y necesitamos democratizarla, acercarla al vulgo. El tema del peo ha sido explotado con más asiduidad en la literatura, pero no hasta el grado que su resonancia se merece. Varios han sido los autores respetables que a él se refieren: Benjamin Franklin, en su *Autobiografía*, aconseja que los pedos no se retengan, sino que se expelan lo más rápidamente posible, por ser nocivos para la salud. Como remedio, aconseja a los que padezcan de pedorrea que mastiquen pastillas de violetas, para que sus pedos huelan bien. Don Francisco de Quevedo escribió un soneto en el cual llamó al pedo "la voz del ojo, que llamos puto", que lo hizo famoso en la corte de Felipe III.

Un peo escapado en mal momento puede destruir la relación más apasionada. En *Como agua para chocolate*, de Laura Esquivel, la heroína se venga de la odiosa hermana que se ha casado con su novio dándole a comer platillos preparados para provocar pedos. Víctima de esos sabrosos venenos, el joven se desilusiona con la esposa y vuelve con la cocinera.

De igual manera, un peo puede ser un arma certera para librarnos de un pretendiente que nos asedia, porque las flatulencias tienden a adherirse al cuerpo y a seguirlo por un rato; no es fácil librarse de ellas. El efecto de un gran peo, de un peo verdaderamente mortal, de esos que huelen a una combinación de huevo podrido, pescado rancio y mierda, puede ser tan devastador como el de una bomba atómica. Hará huir hasta al peor enemigo, que se evaporará al instante.

Bendito sea el culo: catedral de las nalgas, alcoba de placeres, purificador del cuerpo, Alfa y Omega, fin de todo y comienzo de todo. ¡Amén!

El pie de Cupido

Hace un tiempo me enteré de cómo el gran coreógrafo George Balanchine le declaró su amor a Alexandra Danilova, la famosa bailarina rusa. Habían escapado de Rusia juntos y se encontraban ensayando en el Teatro de la Ópera, en París. A la Danilova se le había torcido un tobillo y Balanchine le estaba dando un masaje cuando, de pronto, se inclinó hacia adelante y le besó el pie. Éste fue el comienzo de una tórrida relación amorosa. Aunque Balanchine estaba casado, se fueron a vivir juntos, y durante años le hicieron creer a todo el mundo que eran marido y mujer.

Los pies acostumbran a ser focos de atención como fetiches eróticos. En la Rusia imperial las bailarinas ejecutaban su arte en la punta del pie ante sus admiradores, quienes a menudo se convertían en sus amantes. Los maestros de ballet introdujeron la zapatilla de punta en Francia para 1820, cuando Marie Taglioni bailó *La Sylphide* por primera vez. En un principio las zapatillas eran blandas, con las puntas reforzadas a mano por gruesas costuras, pero para mediados de siglo ya se habían inventado las de punta, protegidas por capas de resina endurecida. Con ellas, las bailarinas podían demostrar su deslumbrante virtuosismo técnico, especialmente cuando daban piruetas o les era necesario sostener el balance. El ballet en puntas llegó a Italia durante la segunda mitad del siglo diecinueve, y de allí pasó a Rusia, donde alcanzó su mayor gloria a comienzos del veinte.

Aunque las rusas nunca calzaron zapatillas de seda en la vida diaria, las bailarinas que las usaban en el escenario simbolizaban el ideal femenino para la sociedad. De hecho, los ballets representados en la corte de los zares reflejaban fielmente la vida de las mujeres en general. Se les exigía ser delicadas y espirituales, mientras sus maridos sostenían todo tipo de aventuras sexuales con bailarinas y artistas. Cada oficial del ejército zarista tenía derecho a escoger a una bailarina del Mariinsky —la escuela del Ballet Imperial de San Petersburgo— y a mantenerla como su protegida.

En la China, durante mucho tiempo, los hombres consideraron el pie de tamaño reducido como uno de los mayores atractivos de la mujer. La costumbre de envolverlo en telas ajustadas para evitar su crecimiento estuvo vigente hasta comienzos del siglo veinte. Los muñones de los pies se ocultaban dentro de bellísimos botines de seda que eran verdaderas obras de arte. Se decoraban con pájaros bordados, mariposas y flores de cada estación. Las suelas también se bordaban, puesto que no se esperaba que las mujeres caminasen sobre ellas; eran sólo para admirarse.

Las mujeres de pies diminutos se pasaban la vida tendidas en divanes y se volvían expertas en los juegos eróticos. Unas veces les daban de beber a sus amantes en zapatillas del tamaño de una taza; otras dejaban sueltas las suelas de su calzado para que las hicieran vibrar contra sus pies, lo que las estimulaba eróticamente.

Los zapatos de tacón alto, como las zapatillas de punta y los botines chinos, son armas de Cupido, instrumentos eróticos. Fueron introducidos en Europa en el siglo XVI, cuando las plataformas se hicieron populares en Venecia. Al principio sólo las usaban los hombres, para recalcar su estatus social. Más tarde las venecianas, también las adoptaron, así evitaban que se les mojaran las faldas al caminar junto a los canales, y también podían lucir mejor sus vestidos. Mientras más altas se veían, más llamaban la atención sus atuendos y sus joyas. A estas plataformas, confeccionadas de capas de corcho y tapizadas en cuero o terciopelo enjoyado, les decían chopines. Podían llegar a tener treinta pulgadas de altura o más, por lo cual la usuaria necesitaba ayudarse con bastones o ir acompañada de sirvientes que la sostuvieran de lado y lado, para ayudarla a mantener el equilibrio.

La Iglesia católica, así como los maridos, les daban el visto bueno a los chopines porque era una manera de evitar que las mujeres se alejaran de sus casas, o que se entusiasmaran demasiado con los bailes populares, pero suponía un peligro caminar en ellos. Las venecianas a menudo se caían dentro de los canales, haciendo reír a los turistas, que se burlaban de las estatuas ambulantes de Venecia. Las que estaban encinta se tropezaban y sufrían abortos. Al fin, la parte delantera se redujo para que el caminar fuera menos penoso, y los chopines evolucionaron a tacones altos.

Las mujeres europeas pronto adoptaron la moda de los zapatos de taco. Catalina de Medici, que era bajita, los introdujo en la corte francesa en 1533, donde se hicieron enormemente populares. Muchas mujeres famosas han llevado tacos altos para llamar la atención sobre cierto estilo que las caracteriza: Rita Hayworth se ponía sandalias de seda negra con plataformas de pedrería; Josephine Baker usaba tacos en forma de turbante; Grace Kelly, sandalias de perlas trenzadas alrededor de los dedos. Hasta la reina Isabel, quien fue elegida una de las diez mujeres peor vestidas del mundo, llevó tacos incrustados de granates para su coronación, en 1952.

En el Oeste, la preferencia sexual también se proyecta a través de los zapatos. Las botas de tacón alto, ajustadas con cabetes desde el tobillo hasta la rodilla, estuvieron de moda en la Viena de los años veinte, donde el sexo estaba muy reprimido. Tenían un gran éxito, porque sugerían la titilante posibilidad de desatarlas.

Los tacos de punzón han sido populares en Occidente por muchos años a causa de una paradoja similar: dejan indefensas a sus dueñas a la vez que les sirven de armas en un aprieto. La razón por la que los hombres se ponen bellacos cuando ven a las mujeres indefensas con esas púas de picar hielo amarradas a los pies se me escapa. Las féminas se han pasado siglos inventando maneras de aparecer inofensivas ante los hombres, mientras desplegaban elaboradas estrategias para atraparlos. La moda femenina consiste precisamente en eso, en perfeccionar un estilo que seduzca y halague al hombre, para luego despojarlo de toda sospecha o miedo. Que muchos de los diseñadores de moda sean hombres hace la cuestión todavía más compleja.

La fascinación por los tacos altos tiene que ver en parte con la actitud que adoptan los cuerpos femeninos cuando las mujeres caminan sobre ellos. Los tacos de aguja fuerzan a sacar las nalgas hacia afuera como si se tratara de las ancas de una vaca. El centro de gravedad del cuerpo se desplaza, las piernas aparentan ser más largas de lo que en realidad son y las tetas se proyectan hacia fuera como la quilla de un barco. Esta pose está destinada a despertar el deseo en los hombres. Las mujeres lo sabemos y, por lo general, estamos de acuerdo en aceptar la tortura de los tacos para lograr este efecto.

Mi madre, que calzaba zapatos tamaño 5 y siempre compró las muestras que se exhibían en los escaparates a mitad de precio, tenía unos pies bellísimos, con el arco pronunciado como el de las bailarinas. Estaba muy orgullosa de ellos. Le encantaba ponerse chinelas de las que llevan suelto el talón, porque exhibían sus piernas como si estuvieran sobre un pedestal, con la curva del empeine combada hacia delante como el cuello de un pájaro exótico.

Durante los años ochenta, cuando vivía en WDC, las botas se pusieron de moda y las mujeres las llevábamos a todas partes. En mi clóset había botas de antílope dorado para las minifaldas de terciopelo, botas de charol hasta los muslos para los *minipants* de cuero, botas de todos los colores, azules, rojas, blancas. Me encantaban porque me protegían de la nieve y de la lluvia, y eran maravillosamente cómodas. Y lo que más me gustaba era que me conferían velocidad y agilidad apelando a las fantasías de mi infancia. Me volvía la Mujer Maravilla, mi heroína favorita de los cómics. Nunca me habían gustado las zapatillas femeninas tipo Cenicienta, que me hacían sentir como si caminara sobre cristal, siempre de puntillas y tratando de no romper nada. Las botas me transformaban en Gatúbela, una chica protegida y bien armada. Era difícil que me pisaran los callos, porque tenían las puntas reforzadas. Y si alguien me daba una patada en las canillas, podía devolver el golpe al instante.

Un día de primavera que me encontraba paseando por Washington, vi un gentío en la calle 18, entre la R y la Q, donde estaba situado mi apartamento. Sabía que cada año se celebraba cerca una carrera de travestis, pero nunca me había acercado a investigar de qué se trataba. Me picó la curiosidad y decidí caminar hasta allí. Una docena de hombres vestidos de mujer, con pelucas, pestañas postizas y faldas tubo pegadas a las nalgas, aguardaban en fila a que soplara el silbato para salir embalados calle abajo. Todos calzaban zapatos de taco alto, lo que hacía que los molleros de los muslos y de las nalgas se les hincharan poderosamente y sobresalieran bajo las telas floreadas. De pronto, salieron corriendo como liebres, por entre la doble hilera de policías, turistas y amigos vociferantes que los alentaban. Dos manzanas más abajo una banderola marcaba el final de la carrera y se leía: "Footlovers of the world, unite! You have nothing to lose but your heels!" ("¡Amantes de los pies, solidarícense! ¡No tienen nada que perder salvo los tacos!")

La carrera me pareció fascinante: era una parodia de la imagen tradicional que proyectaba la mujer que calzaba tacos. "Así de tontas se ven cuando se montan en esos picos, queridas, simulando muñecas indefensas", aparentaba decir. Al final de la calle escuché al ganador dar un aullido de felicidad y lo vi caer en brazos de sus amigos. Me pareció reconocer a Mike, el que operaba la caja registradora del Trío, la pizzería que quedaba frente al edificio de mi apartamento. Era un tipo alto, con la quijada cuadrada y hombros de jugador de fútbol americano; nunca hubiese adivinado que era homosexual. Iba vestido igual que una debutante, con un traje de tul blanco lleno de volantitos. Le prendieron una banda azul al pecho y lo sentaron en la parte trasera de un Cadillac descapotable con la falda esparcida sobre el baúl, para llevarlo a pasear por la ciudad. Encima de la cabeza llevaba una preciosa corona de *rhinestones*: la corona del ganador. El Cadillac arrancó y me pasó por el lado sin que Mike me viera, pero cuando llegó al semáforo de la intersección tuvo que pararse. Abrió la puerta del carro y se bajó a saludarme. Yo le sonreí de oreja a oreja. Bajo la falda de volantitos de tul, llevaba puestas unas botas de vaquero.

Los placeres del espíritu

Un viaje al corazón de la isla

Hace algunos meses quise dar un paseo en carro hasta Ciales, Jayuya y Utuado, tres pueblos del corazón de la isla. Todavía en la isla (para el capitaleño, todo lo que queda fuera de la capital) existen recovecos de tiempo muy distintos al de San Juan. Allí escondemos cosas, o las ponemos a buen resguardo para su posible uso futuro, igual que hacemos en nuestro patio de atrás.

Mi familia veraneaba hace muchos años en una casa de Adjuntas, y a menudo iba de excursión a Utuado, donde algunos amigos también tenían casas de campo. En esos tiempos la gente que vivía en la ciudad buscaba en el campo libertad y esparcimiento, mientras que los del campo no veían el momento de liberarse de aquella cárcel y soñaban con un pasaje de avión a Nueva York. Hoy todo es diferente. Muchos campesinos han regresado, comprado su casita, su finquita y algunos hasta su motocicleta, con la que escalan atrevidos las montañas.

La mayor parte de las personas, cuando se ponen viejas, recuerdan el pasado lejano con más claridad que el presente, pero ése no es mi caso. El presente me interesa más que el pasado. Creo que eso tiene que ver con mi gusto por la conversación. Me encanta escuchar a la gente, y eso fue lo que hice el día de mi paseo.

Los letreros de las carreteras son una parte importante del discurso popular, y me puse a anotar lo que decían los que pasaba por la carretera hacia Manatí. "Chicharrón", "Mabí", "Pan Sobao", "Quesitos de hoja de Arecibo", "Brazo Gitano de Franco". Me los sabía de memoria, no había nada nuevo en eso. Me paré a comprar chicharrón con pan sobao en un quiosco. El pan era ancho y blanco como el brazo de un americano que acaba de bajar del avión. La grasa del cerdo me bajaba por el gaznate, tenía que alternar cada bocado con un mordisco de pan para absorberla. Me sentí terriblemente culpable, pero estaba delicioso. Después de un rato, parecía un sofá relleno de guata, y tuve que tomarme un mabí para humedecerme la garganta.

Estando parada bajo el toldo verde del quiosco, me pasó una caravana de motocicletas tronando por el lado —Hondas, Harley Davidson, Vespas—. Los vaqueros motorizados llevaban puestas chamarras de cuero negro que tenían en la espalda frases escritas con tachuelas: *Remember Vietnam Veterans, Hanoi or Bust, Saigon Survivor*. Todos llevaban capacetes negros o rojos, y cargaban sus vociferantes *boom boxes* sobre las parrillas de atrás. Mientras se disparaban autopista abajo, las cabezas les bamboleaban al ritmo de la salsa. El líder llevaba un capacete al estilo de los soldados alemanes, y en la espalda le brillaba una calavera fosforescente sobre dos huesos cruzados. Llevaba el puño en alto, para que los demás lo siguieran.

Me atraganté el resto del mabí y metí los restos de chicharrón en una bolsa de papel de estraza que pronto se cubrió de manchas. Cuando llegué a Ciales estacioné el carro en la plaza, junto al cafetín "La Cumbre". Al lado había un colmadito, el "Toma y Dame", que, sorprendentemente, abría los domingos. Una iglesia católica cerrada dominaba la plaza, pero había tres templos más pequeños cerca: uno pentecostal, uno judío y una Iglesia de Dios, la más concurrida de todas. Un gentío de fieles sonrientes y bien vestidos empezó a salir, algunos todavía cantando y rezando en voz alta. En el "Comején Palace", el bar más concurrido, ya a la salida del pueblo, una vellonera prendida competía con los cánticos evangélicos.

El camino de Ciales a Jayuya, como gran parte del trayecto que venía siguiendo, remontaba el espinazo de las montañas, con una vista espectacular a ambos lados. Todas las casas eran de cemento y tenían balcones con columnas estilo jónico y corintio. Abundaban las salomónicas con fuste de sacacorchos. Los jardines estaban llenos de flores y mejor cuidados que muchos de la capital. Pasamos Jayuya, el pueblo del tomate y del café Tres Picachos, y empezamos a subir la cuesta de Utuado, el Otoao de los taínos. La carretera, en malas condiciones, estaba llena de riscos y había poco tránsito.

Poco antes de llegar a Utuado, vi otro letrero junto a la carretera: "Se venden ñames". Un poco más adelante había un camión lleno de enormes tubérculos color tierra, estacionado al lado derecho.

Me detuve detrás de él y me bajé del carro. Cuatro muchachitos estaban sentados encima del bonete.

—Buenas tardes, doña.

—¿A cuánto se venden los ñames?

—A 35 la libra.

Luis, Javier, Carmelo y Pepito Bauzá eran hermanos. El mayor tenía catorce años, y los otros doce, diez y ocho respectivamente. Luis, el encargado del negocio, no llevaba zapatos. Javier, el de doce, tenía un par de tenis rotos —el dedo gordo desnudo se le salía por el frente— y los dos más pequeños llevaban unas botas descabetadas y gorras de béisbol con la visera vuelta para atrás. Era obvio que habían heredado la ropa de los hermanos mayores.

Compré cinco libras de ñame —estaría comiendo ñame durante una semana— y mientras Luis colgaba la romana de un tubo y pesaba los tubérculos, empecé a conversar con él. Le pregunté si había estado alguna vez en San Juan y Luis asintió. Javier dijo que había estado en Río Grande, pero Luis lo corrigió haciéndole ver que eso no era San Juan, que eso era un barrio, y Javier lo pellizcó en el brazo. Entonces le pregunté a Carmelo si le gustaba la bicicleta y contestó que no tenía, pero que no la necesitaba porque él nunca se aburría. Le encantaba trepar palos y en el monte había muchos perros y animales salvajes.

Le pregunté a Luis qué iban a hacer con todos esos ñames, ¿no se dañarían si no podían venderlos?

Luis dijo que no, porque al día siguiente su papá los iba a llevar a la plaza del mercado de Manatí. Y añadió que él mismo había desenterrado los ñames con la ayuda de sus cuatro hijos. Además, su papá trabajaba con Fuentes Fluviales tendiendo cables de alta tensión por las montañas cercanas, y señaló con orgullo una torre de la AEE que se veía entre los árboles desde donde estábamos parados, así que su familia no tenía que preocuparse por nada.

Terminó de pesar los ñames en la romana y los metió en una bolsa. Con un cabo de lápiz multiplicó las cinco libras por 35 y el total le dio $1.75. Saqué dos dólares de la cartera y se los di.

"No tengo cambio. Quédate con la peseta" —le dije.

Luis me miró muy serio. "Gracias, señora. Pero yo prefiero que se lleve otro ñame. Se lo dejo por 25 centavos."

Así era el Puerto Rico de antes, así es el Puerto Rico de hoy. En nuestro patio de atrás.

Una boricua en España

Recientemente visité Madrid, luego de una ausencia prolongada de esa ciudad. Viniendo de Puerto Rico, suburbio de Nueva York, Madrid antes me parecía mustia y provinciana, pero hoy ha adquirido un brillo y una sofisticación muy europeos. Se aprecia una nueva nota, la nota euro, en la manera de vestir, en los decorados de las vitrinas, en la cantidad de gente que anda por la acera con el portátil al oído (la fiebre de los portátiles contamina hasta a los niños, que los usan para hablar con sus amigos). Todo, sin duda, resultado de la bonanza que ha traído el hecho de que África no empiece ya en los Pirineos. En la Gran Vía, en La Castellana, en la Puerta del Sol, por todas partes, un desfile de carruajes, ángeles, soldados y héroes marcha por los techos y cúpulas de bronce que relucen al sol durante el día e iluminan poderosos focos en las noches, mientras los coches modernos se embotellan ruidosamente abajo en las calles. Las casas y los palacios, pulcramente limpios y pintados, descubren hoy más que nunca un Madrid palaciego del siglo XVIII donde el sello de los Borbones sigue estando muy presente, pero es ahora un sello *kitsch*, de un pueblo que sabe que los Borbones tenían la nariz muy grande y no hay por qué hacerles ninguna reverencia.

Notable es también la ausencia de recordatorios de la guerra y de la dictadura de Francisco

Franco. Otro fantasma del que casi nadie se acuerda es José Antonio Primo de Rivera. Sólo en una iglesia de Sevilla vi una tarja tallada en mármol que marcaba la tumba de unos "mártires, víctimas de la Guerra Civil", que supuse eran religiosos muertos durante el conflicto. Los guardias civiles, por supuesto, han desaparecido de las calles, y la policía es hoy poco almidonada y a veces hasta barbuda, con gorras de tela en lugar de tricornios de charol, y, lo que es más notable, casi invisible. Invisibles también se me hicieron los mendigos, de los que no vi evidencia en Madrid ni luego en Sevilla , aunque supongo que deben de existir.

Ausencia agradecida de *Kentucky Fried Chicken*, de *The Gap*, de *Banana Republic* y otros comercios insípidos que han invadido el mundo con su aburrimiento. Presencia, por otra parte, de abundantes europeos del este, reconocibles en el pasado por el olor y ahora por su acento y sus ropas, antes desteñidas y desgastadas y hoy al último grito de la moda. "Las bandas del crimen organizado ruso pasan hoy del centenar en la Costa del Sol", decía el titular de un periódico.

Presencia abundante de japoneses, como en todas las ciudades del mundo, corriendo de aquí para allá como conejillos de Asia, y presencia de extranjeros de otro tipo: los árabes del Magreb, que invaden la Costa del Sol por miles y que me recordaron inmediatamente a los inmigrantes del Caribe. Los árabes se montan en pateras, su nombre para las balsas de gomas y tablones que conocemos, y no tienen casi ni que remar, pues la corriente los arrastra desde el norte de África hasta las costas de Málaga y Almería. Hoy viven cientos de miles de musulmanes en España, y las cifras van en aumento.

Algunas cosas no cambian. En toda España se cierra de 2 a 5 de la tarde, y si se tiene hambre más temprano hay que hacer de tripas corazón en lugar de callos a la madrileña. El café es, como siempre, una delicia, a pesar de no ser puertorriqueño. Los gitanos siguen acudiendo a leerles el destino a los turistas, con una ramita de romero en la mano, mientras tratan de meter la otra en el bolso o bolsillo más cercano. Hoy el hotel Alfonso XIII es un Westin y ya no ponen sábanas de hilo, pero el papel sanitario sigue siendo lija número 2 (¿cuándo pondrá Charmin una fábrica en España? Esa sería una transnacional no resentida, al menos, por el trasero).

Las ciudades están más hermosas que nunca. La Mezquita de Córdoba sigue siendo una de las siete maravillas del mundo. El interior semeja un tupido bosque de palmeras de dátiles, tal y como quería Abderramán I, quien, como los emigrados del Caribe a las ciudades del norte, echaba en falta las palmeras de su tierra natal. La Giralda, de ladrillo rojo, a la distancia parece hecha de coral , algo que era imposible apreciar antes por lo sucia que estaba. Los parques y jardines de Sevilla están llenos de flores. La Universidad, el Alcázar, la Casa de Contratación, la magnífica Catedral construida por Fernando III, el Santo, donde está enterrado junto a Alfonso X, el Sabio, todo aquí ha adquirido una elegancia y una amplitud de miras que obligan a reenfocar el conflicto aterrador entre el Bien y el Mal en el que vivimos metidos al otro lado del mundo.

En Sevilla, como en Córdoba y Granada, nuestros ancestros convivieron con musulmanes y judíos durante más de cuatro siglos. Por todas partes se encuentran en Andalucía muestras de las bendiciones de esa coexistencia, así como de la mutua cooperación que se dio entonces, durante el reinado de Alfonso X o el de Fernando III. No fue hasta que los Reyes Católicos, a la cabeza de la Reconquista —en realidad una guerra santa en muchos aspectos tan fundamentalista como la de la Jihad— expulsaron, primero, a los judíos y, luego, a los musulmanes, que el destino del pueblo español quedó abocado a un fracaso del cual sólo se está recuperando hoy. Ojalá que en América no nos toque revivir esa tragedia.

La Capilla de los Reyes Católicos

La Capilla de los Reyes, en la ciudad de Granada, alberga los impresionantes mausoleos donde descansan los restos de Isabel de Castilla y Fernando de Aragón. Aquí están expuestos los objetos personales que los acompañaron en vida: la espada y el cetro del Rey; la corona, la Biblia y el cofre de la Reina, donde supuestamente guardaba las joyas con las que ayudó a Cristóbal Colón a adquirir los barcos para la expedición a América; su espejo de mano cincelado en plata y oro; su colección de cuadros flamencos; todos ellos talismanes que irradian un poder sobrecogedor.

Los magníficos sepulcros fueron tallados por Bartolomé Ordóñez, alumno de Miguel Ángel. Fernando el Católico yace ricamente vestido sobre su sarcófago, sosteniendo en las manos la misma espada y el mismo cetro exhibidos en la sacristía contigua. Isabel, en cambio, viste el austero hábito franciscano. Su única joya es la corona de pámpanos, y tiene las manos vacías, entrelazadas sobre el pecho.

La corona de la Reina es muy sencilla. Está hecha de pámpanos de plata cincelada, sin una sola gema o perla que la decore. Tiene una sobriedad muy castellana que contrasta con otras coronas fastuosas como, por ejemplo, la de la Reina de Inglaterra. Con ella aparece la Reina retratada por Juan de Pradilla en el cuadro *La rendición de Granada*, y también cuando recibe a Cristóbal Colón en la corte, a su regreso del primer viaje a América.

El espejo de mano también resulta interesante. Es un espejo de pedestal, de una hechura más rica que la de la corona. Isabel lo legó en su testamento a la catedral de Granada, para que fuese convertido en custodia en la que se exhibiría el Santísimo. Donación que la Iglesia rehusó aceptar, porque la custodia estaba decorada con motivos árabes.

La conquista de Granada por los Reyes Católicos tuvo lugar en 1492. La expulsión de casi 200 mil judíos, y unos años después de otros tantos musulmanes, no se hizo esperar. La Inquisición se hizo cargo más tarde de los infieles que accedieron a bautizarse pensando que así podrían salvarse del destierro. Unificar al país bajo una sola religión era imprescindible para sus pretensiones de hegemonía continental. Y, sin embargo, fue bajo el patronato de la reina Isabel que se formularon más tarde las Leyes de Indias, las cuales reconocían, al menos en teoría, los derechos de los indígenas bautizados que eran miembros del Imperio español. Transigencia e intransigencia, las dos caras de Isabel la Católica, cuya compleja personalidad queda hoy todavía envuelta en el misterio.

Las pinturas flamencas sobre tablas pertenecientes a la colección personal de la Reina se encuentran expuestas en la sacristía. Entre ellas sobresalen dos retablos hermosísimos, uno del nacimiento de Cristo y otro del descendimiento de la cruz. En ambos aparece la Virgen sosteniendo contra su pecho a su hijo, primero al Niño Jesús y luego al Cristo expirado, como si temiera que se lo quitaran. Las manos entrelazadas de la Virgen se parecen mucho a las de la Isabel en la escultura de Ordóñez: pequeñas y delicadas, de gesto tierno y profundamente triste.

Conociendo la historia de la familia real, entendemos la predilección de Isabel por estos óleos en los que aparece la Virgen como Mater Dolorosa. Isabel y Fernando se casaron en 1469, e Isabel muere en 1506, a los 54 años, de un cólico miserere, como se le llamaba entonces al ataque de apendicitis. Durante estos 31 años de matrimonio tuvieron cinco hijos, y a todos los casaron con príncipes de las casas reales más poderosas de Europa: Isabel, la mayor, casó con el príncipe heredero al trono de Portugal; María, con el viudo de su hermana a la muerte prematura de ésta; Juan y Juana casaron en 1496 respectivamente con Margarita y Felipe (el Hermoso), que eran también hermanos, príncipes de la casa real de Habsburgo, en una boda doble destinada a asegurar la alianza entre España y el Imperio de los Habsburgo; y Catalina primero contrajo nupcias con Arturo, heredero al trono de Inglaterra, y al morir éste, con su hermano Enrique VIII.

Los hijos de los Reyes Católicos, a excepción de Juana (la llamada *loca*), y Catalina (quien rehusó siempre divorciarse del monstruo de su marido) murieron jóvenes. La súbita muerte del príncipe Juan a los 21 años, pocos meses después de su boda con la princesa flamenca, destruyó a la Reina. Dicen que Juan era inteligente y alegre, y que gustaba de la música (como también Isabel): tocaba la guitarra, el violín, el órgano y el clavicordio. De esa muerte, según las crónicas, Isabel nunca logró recuperarse. No en balde sus cuadros preferidos eran estas tablas flamencas donde la Virgen estrecha a su hijo, primero, vivo y luego, muerto. A ella le había tocado hacer lo mismo.

La Plaza Roja, 1997

Durante una visita a la capital de Rusia pude constatar que la Plaza Roja no es una metáfora, es realmente de piedra roja. Durante la Edad Media, en ella se congregaban los campesinos a vender sus productos, y en la época de los zares se llevaban a cabo las ejecuciones. Iván el Terrible, Stalin, Gorky, Brezhnev, los astronautas Andropov y Gagarin y hasta un norteamericano —el anarquista John Reed— se encuentran enterrados en uno de sus muros. Y sin embargo, la Plaza Roja no es popular en Moscú por ninguna de estas razones, sino por ser el lugar preferido de los novios para tomarse el retrato de bodas.

Los rusos han puesto en práctica el "todo tiempo pasado fue mejor". Se encuentran envueltos en una intensa campaña de borrar el ayer y rescatar el pasado lejano, el que antecede a la revolución de 1917. Lenin, Stalin, Beria, el nacionalismo eslavo y el totalitarismo son hoy tema tabú para la mayoría. Los museos del comunismo soviético han desparecido. El pasado de los Romanoff, sin embargo, ligado al esfuerzo de europeización iniciado en tiempos de Pedro el Grande, se rememora con entusiasmo. Lo que antes no se podía nombrar (pronunciar la palabra Romanoff era suficiente para que le cortaran a uno la lengua) ahora anda de boca en boca, y aun los monumentos desaparecidos han sido reconstruidos de acuerdo con fotografías y dibujos de la época. Un caso paradigmático es el de la basílica de Cristo Salvador, en el mismo centro de Moscú, mandada a destruir por Stalin con cargas de dinamita, en 1931, para edificar en su lugar una horrible piscina pública. En 1994, el Gobierno decidió rellenar la piscina y reconstruir la catedral piedra por piedra, según el diseño original. Hoy Nicolás II y su familia se encuentran enterrados bajo su horrible cúpula, un enorme hongo dorado al fuego. En algunos círculos hasta se ha propuesto santificar a los Romanoff asesinados, prueba de los extremos a los que se llega hoy en Rusia para enaltecer el ayer sangriento y romántico.

De todos modos, el pasado de la Plaza Roja no puede borrarse fácilmente. La rodean las murallas de ladrillo rojo y las torres medievales del Kremlin (fortaleza en ruso); las nueve cúpulas bizantinas de granito rojo de la catedral de San Basilio, que construyó Iván el Terrible en el siglo XIII; el mausoleo de basalto rojo y negro de Lenin, que recuerda un búnker y que ha sido sustituido por MacDonald's como lugar de peregrinaje; la plataforma circular donde ajusticiaban a los rebeldes en masa y que todavía huele a sangre. A los rusos les encanta el rojo, el *krasnya*, que también significa *bello* o *mejor*. Roja era la bandera de los zares con la doble águila de la Iglesia Ortodoxa y de la casa Romanoff; roja, la bandera soviética con la hoz y el martillo; rojo, el fuego con que los rusos destruyeron Moscú en 1812 para evitar que cayera en manos de Napoleón; roja, la estrella que se levantaba sobre muchos de sus edificios. Hoy la bandera de Rusia ya no es la hoz y el martillo. Es la tricolor francesa invertida: blanca, azul y roja, otra prueba del deseo del pueblo ruso de volver los ojos hacia Europa y fortalecer sus raíces continentales.

Pero el rojo, que en tiempos de Iván el Terrible, Lenin y Stalin estuvo íntimamente asociado a la sangre de las aterradoras masacres, es también expresión de la personalidad cálida de los rusos. Basta sólo conocer un poco a la gente, compartir el espacio de las calles y del metro para darse cuenta de ello. El totalitarismo del que han sido víctima durante siglos es quizá el resultado de una ingenuidad provinciana, de una ignorancia producto del aislamiento, que los ha puesto a merced de los tiranos.

La tendencia a lo regimentado, a imponer un orden inflexible en la vida diaria, es todavía un aspecto insoslayable de la vida en Rusia. Como muestra un botón. La visita de nuestro grupo de doce puertorriqueños, organizada por Intourist, la agencia de turismo rusa, estuvo bajo el "comando" de una guía moscovita: Ludmila Ivanona, quien nos dio la oportunidad de conocer de primera mano las virtudes y los defectos del Estado monolítico. Supervisaba nuestras comidas en el hotel (menú espartano, aunque nutritivo: carne, pan y agua racionados, pero mucha papa), así como nuestras entradas y salidas de la ciudad. Nos señaló con orgullo que en Moscú no había perros ni gatos realengos (lo que ya habíamos notado), ni tampoco mendigos deambulando. Nos llevó a comer a un competidor ruso de Macdonald's donde los *hamburgers* venían envueltos en una empanadilla gomosa, sin cebolla ni *ketchup*.

La renovada piedad de los rusos los hace acudir hoy en masa a los templos. La religión ortodoxa ha sido instituida la única oficial del país. En parte como resultado del celo religioso, en parte por el deseo de alejarse de los cánones revolucionarios, la liberación de la mujer ha sufrido un retroceso lamentable. El modelo a seguir no es ya la compañera de trabajo con el rifle al hombro que compartía condiciones en el ejército y en la industria. Los roles de esposa y madre han vuelto a adquirir primacía, y la importancia del atractivo físico resulta primordial. Las calles están llenas de jóvenes vestidas a la última moda, montadas en zancos de plataforma y con cabelleras kilométricas más abajo de la cintura, de las que es necesario secar durante horas.

Un día, Ludmila nos comentó que ella, como la mayoría de los profesionales rusos, ganaba de cuatro a cinco dólares diarios. Y eso que Moscú es hoy la ciudad privilegiada de Rusia. Su ingreso per cápita es de $6,122 al año, mientras que en San Petersburgo (la segunda ciudad más importante) es de $2,155. Todo el mundo en Moscú tiene dos trabajos: el oficial, que se efectúa en instituciones públicas, y el extraoficial: se sacan muelas, se operan apéndices, se traen bebés al mundo, se diseñan planos en las salas de las casas. Las fábricas "privadas", nos señaló Ludmila, pagan hoy todavía hasta un 90% de contribución sobre ingresos, por lo cual el término *privadas* nos sonó más a optimismo que a otra cosa y entendimos por qué el ritmo de inversión de capital extranjero en la manufactura rusa sigue siendo muy lento. La privatización tampoco ha calado hondo en el país. Aunque se ha declarado una economía de mercado y en Moscú todo el mundo vende mercancía en la calle (ropa, zapatos, piezas de carros, flores, etc.), a los rusos se les hace difícil deshacerse de una ideología que fue machacada con sangre durante décadas.

Interactuar con nuestra guía, durante los cinco días que duró nuestra visita a Moscú, fue una experiencia valiosa. Empezó la excursión con el pelo rizo y bien cuidado y la terminó con la cabeza que parecía un mazo de paja segada en el campo. Trabajaba dieciséis horas diarias y le tomaba dos horas desplazarse hasta su casa. Una noche llegó a su hogar a las tres de la mañana, —el metro había dejado de funcionar inesperadamente— y tuvo que salir de nuevo para nuestro hotel a las seis. Varias veces la invitamos a quedarse en el Interlit con nosotros, pero aceptar hubiese sido inconcebible dentro del régimen militar del Intourism ruso.

Ludmila hablaba un inglés perfecto. Era una persona culta, nos recitó varias estrofas de Eugene Onegin en voz alta. Había leído a Dostoyevsky, Gogol, Turgueniev, así como a Shakespeare y a Cervantes. No se le hacía fácil bregar con doce puertorriqueños que queríamos saberlo todo a la vez, cada cual preguntando por su lado. Cuando la interrumpíamos se ponía histérica y nos mandaba a callar como si estuviéramos en un salón de clase. No se le podía inquirir sobre el futuro; vivía el presente con una obsesión paranoica. Si alguien le preguntaba qué temperatura haría al día siguiente o si llovería, enseguida se alteraba y decía: "¡Pregúnteme mañana y lo sabré! " Tampoco estaba acostumbrada a sacar cuentas de largo metraje. (En Rusia, cada vez que uno cambia dólares a rublos, le dan un diploma en piel de chivo cuyo propósito nunca logramos descifrar). Ludmila restaba y sumaba todo en la cabeza, y uno tenía que esperar a que, para cerciorarse, repitiera cada operación matemática por lo menos tres veces. No vimos a nadie usando calculadoras en Rusia, ni tampoco computadoras o teléfonos celulares.

Estábamos convencidos de que los rusos no tenían sentido del humor. Llevábamos casi tres días escuchando a Ludmila alabar a la Madre Patria que "como Tejas, todo lo pare gigante", y todavía no le habíamos escuchado una sola broma cuando dijo algo que nos hizo cambiar de opinión. Después del abortado golpe militar de 1971, nos contó, los moscovitas derribaron las estatuas de Stalin y muchas de Lenin, Dzerzhinsky y otros autócratas, y las llevaron a un almacén al que bautizaron con el nombre "Museo de los Héroes Caídos". Ludmila lo dijo completamente en serio, pero nosotros soltamos la carcajada.

Cuando salimos camino a Vladimir- Suzdal, donde pasaríamos la noche en un hostal espartano para obreros premiados por el Estado —las camas eran tablones monacales con frazadas militares encima y hacía un frío que pelaba—, Ludmila dijo algo que nos desveló el corazón de Rusia. Pasábamos junto a un campo muy bien cultivado y vimos un batallón de soldados uniformados, todos doblados por la cintura, ayudando a los campesinos a sacar papas de la tierra rojiza. Al preguntarle si aquélla era una labor corriente para el ejército nos contestó que en Rusia los soldados hacían todo tipo de trabajo, y que después de todo sacar papas era mejor que matar gente. "Yo también he sacado papas", nos dijo con entusiasmo. "En Rusia todo el mundo trabaja en el campo durante ciertos meses al año para ayudar a la Madre Patria. ¿En Puerto Rico ustedes no hacen lo mismo?"

No, Ludmila. En Puerto Rico no hacemos lo mismo.

Verde que te quiero verde...

El verso del poeta español resonaba en mi corazón mientras nuestra guagua cruzaba los campos salpicados de ovejas que se arrebujaban sobre pequeños montículos o pastaban por los valles como copos blancos. En Irlanda todo es verde: los campos, el *shamroc*, la bandera de franjas verdes, anaranjadas y blancas, los *leprechaun*, la cerveza. En una tienda del pueblito de Limmerick (el mismo de *Angela's Ashes*), la dependienta que me estaba mostrando los *sweaters* me indicó: "Los tenemos tejidos con lana de oveja blanca, de oveja negra y de oveja verde". "¿Hay ovejas verdes en Irlanda?", pregunté asombrada. "Por supuesto. Las que toman mucha Guiness". La chica estaba seria; me tomó varios segundos darme cuenta de que estaba bromeando y se refería a la cerveza irlandesa.

Verde de la tranquilidad por dentro y por fuera, la afortunada Irlanda ha logrado hoy quedarse con la soga y con la cabra. Un país sin *shopping centers* (no vi ni uno durante mi viaje), sin rascacielos ni tapones. Durante las dos semanas que duró la visita, su verde le entraba a uno por los poros como un elixir. Es la única nación del mundo que tiene como símbolo un instrumento musical —el arpa, que también aparece en las monedas o *punts*— y la poesía está siempre presente en la vida de sus habitantes.

La Hibernia de la Antigüedad es hoy un país moderno y favorecido por los espíritus. Alcanzada la independencia política en 1922, tras una sangrienta guerra civil y 2000 años de ocupación extranjera (vikingos, normandos y, finalmente, los ingleses, quienes la arrasaron y explotaron por 700 años), ha logrado por fin su emancipación económica.

El país atraviesa por una evidente bonanza gracias a las industrias de computadoras y a su turismo floreciente. Se palpa por todas partes un espíritu de optimismo que contrasta llamativamente con el tono melancólico de sus antiguas baladas, a menudo destinadas a desahogar las penas de la hambruna, del exilio y la tiranía. Hoy día la juventud ya no emigra de Irlanda. El país está lleno de jóvenes, no sólo irlandeses, sino franceses, alemanes y, sobre todo, españoles, que acuden por cientos a aprender el inglés en un país católico. La mutua simpatía entre España e Irlanda, que alcanzó su cúspide cuando los españoles enviaron una flota de galeones a apoyar la rebelión irlandesa bajo Cromwell, sigue hoy presente.

Dublín, a diferencia de Edimburgo, que es una ciudad museo, es una urbe viva, llena de teatros y salas de concierto, donde se puede ver una obra de Bernard Shaw, Eugene O'Neil o cualquier otro dramaturgo clásico.

El verde me hizo pensar en Puerto Rico. Aunque en Irlanda los verdes son más matizados, la gama de tonos abarca desde el más pálido, hasta el más brillante, como bien dice la canción *A hundred shades of green*. El cuidado de la naturaleza es primordial: el país entero es tan extraordinario como El Yunque, el monte protector de los puertorriqueños. Ben Bulben, el peñón macizo a cuya sombra está enterrado el poeta William Butler Yeats, es también un "verde gigante de metal preñado", como le cantó Santiago Vidarte a nuestra montaña mágica.

Nuestra historia ha sido en gran parte tan tenebrosa como la de Irlanda. Colonia española por más de 400 años, en Puerto Rico tampoco podíamos poseer tierras, desempeñar cargos públicos a no ser en el cabildo, obtener una educación universitaria, ocupar puestos de oficialía en el ejército, ni ejercer profesiones que no fuesen artesanales. La religión católica no nos trajo tantos conflictos como la protestante a los irlandeses, que sufrieron durante siglos la persecución religiosa de sus colonizadores. Tampoco era el nuestro un catolicismo tradicional, sino imbuido de magia blanca y africanismo, como sucedía con el druidismo en Irlanda. Tras la llegada de los norteamericanos, logramos asegurar nuestros derechos civiles, pero nuestra peculiar situación política todavía nos agobia y acompleja. No hemos podido liberarnos políticamente, como lo hizo Irlanda (cuya lucha Albizu Campos tuvo muy presente), ni evolucionar lo suficiente para asimilar al otro y someterlo a nuestro albedrío, formando parte de su estructura bajo nuestras condiciones y preservando nuestra cultura.

Somos, como Irlanda, una isla antiquísima y nuestra historia también se remonta a la Edad de Hierro. Mientras los igneri y otros pueblos aún más arcaicos cubrían de conchas nuestras costas, los celtas de Irlanda moraban en *crannogs* en medio de los pantanos y construían impresionantes tumbas en forma de panales de piedra, como las de Newgrange. Gracias en gran parte a sus poetas, a sus sacerdotes celtas y luego a los monjes católicos, el espíritu místico ha regido la vida irlandesa. Los invasores llegaron y se fueron, pero los irlandeses todavía están allí y son los dueños de su país.

En Puerto Rico, afortunadamente, El Yunque sigue todavía en pie y nos sirve de escudo ante el embate de los huracanes, pero el progreso económico ha desatado un cáncer preocupante. Las autopistas de seis vías se llevan por delante los mogotes, las urbanizaciones arropan la periferia de las ciudades como frazadas de cemento, y las supercadenas (Me $alvé, Topeka, Yayabo, Pitusa, Kmart, Sams, Costco...) se multiplican como dragones que devoran día a día todo lo verde y amenazan con asfixiarnos.

Gracias a su amor y a su respeto por la naturaleza, gracias al sabio comedimiento en el desarrollo de sus recursos, los irlandeses son y seguirán siendo irlandeses por los siglos de los siglos. Los puertorriqueños podemos aprender mucho de ellos.

Myrna Báez y la mirada

Dos temas signan la espléndida retrospectiva de la obra de Myrna Báez expuesta en el Museo de Arte de Puerto Rico: el desnudo y el paisaje. El numen femenino en la cosmovisión de Báez es inseparable de la naturaleza de la Isla. En la naturaleza, como en el cuerpo femenino, encuentra Báez una fuerza que la fortalece y la sustenta. Un tercer tema, el espejo-ventana, sirve para fundir ambos motivos.

Báez utiliza, entre otras fuentes literarias, la Biblia y los mitos clásicos. Fuentes que están mediatizadas, como señala Margarita Zavala en el excelente ensayo incluido en el libro-catálogo de la exposición, *Myrna Báez, una artista ante su espejo*. El tema de Susana y los ancianos, por ejemplo, presente en el cuadro *Susana después del baño*, aparece actualizado en un hogar puertorriqueño de clase media. El rosado profundo del cuerpo de la mujer contrasta con el verde chillón de las paredes de loseta y el amarillo canario de la bañera. Aunque los ancianos del mito clásico no están presentes, la ventana de persianas de metal, abierta de par en par al exterior, es una invitación al mirón. El de Susana y los viejos fue uno de los asuntos preferidos por los maestros del Renacimiento, pero quien mejor lo plasmó fue Artemisia Gentileschi, una pintora italiana del siglo XVII que a los 18 años fue violada por un ayudante del taller de su padre. A diferencia de la Susana del mito, que muere martirizada por negarse a complacer a los viejos, a la Susana de Báez, maciza como una gran roca rosada, le importa un comino que la contemplen desnuda. Está cómoda en su desnudez, en su gordura, en su inmodesto desparpajo. Sabe que está estableciendo una nueva estética feminista que subvierte el orden del patriarcado.

Anunciación es otro cuadro que recrea subversivamente una historia de la Biblia (del Nuevo Testamento). Una mujer sentada en una silla contempla desde la oscuridad del cuarto un paisaje del cual parece surgir un ángel que le dirige la palabra. Inmune a la sorpresiva aparición, la mujer continúa mirando el paisaje porque sabe que es de allí, y no de la confusa aparición, de donde le viene la gracia divina. En nuestra isla, como en todas partes, hay viejos tan verdes como las paredes del baño, milagros falsos aclamados por religiones patriarcales que es necesario ignorar, y una naturaleza que nos nutre con su raíz mágica.

Aunque en la obra de Báez no hay referencias directas a la literatura puertorriqueña, ésta se encuentra presente de modo subliminal. En sus cuadros hay toda suerte de paisajes. El paisaje del sur, por ejemplo, es el mismo de la tierra "estéril y madrastra" descrita por Palés en *Topografías* (la supervivencia en los hermosos parajes semidesérticos de nuestro litoral es a menudo heroica). En el poema *Pabellón Rojo*, por otra parte, la pasión por el cuerpo femenino se funde con el paisaje caldeado del sur formando una sola realidad. El paisaje costero de los mangles de Báez —con sus raíces bajo el agua y su follaje tupido— sirve de mítica representación de la identidad ambigua del puertorriqueño, que se oculta y escurre huyendo de sí mismo por sus híbridos laberintos. El mangle está presente en muchas de nuestras novelas, como *La noche oscura del Niño Avilés*, de Edgardo Rodríguez Juliá, y *Proa libre sobre mar gruesa*, de Enrique Laguerre, entre otras.

Los paisajes del interior de la isla, a diferencia de los costeros, no son nunca conflictivos. Son más bien paradisíacos, fuente de serenidad espiritual y de ternura. En *Paisaje de Barrazas*, un barrio de las montañas cercano a Carolina, la naturaleza todavía virgen, cubierta de bravos matojos, nos infunde su vigor y energía. El cuadro *Gurabo*, lugar identificado con la niñez de la pintora, pues de allí era oriunda su madre, podría titularse "el pueblo del nacimiento", por la ternura que emana del paisaje recogido entre cortinas. Imposible no reconocer las implicaciones navideñas de esta imagen, que proyecta una inocencia y alegría profundas. Del cuerpo de la madre, recordado en este paisaje, surge el amor que le rinde homenaje en este hermoso cuadro. La alcoba es, sin duda, la alcoba del alumbramiento. A través de esas cortinas pasamos al mundo.

En la obra de Báez el desnudo posee una contundencia que no necesita explicación. Es el *dassein*, lo que los filósofos alemanes llaman *el ser en sí mismo.* Sus personajes femeninos no actúan, no necesitan hablar ni dramatizar un mensaje o una historia. Son lo que son, rotunda e inevitablemente. Por eso, muchas veces le dan la espalda al espectador, como afirmando que no les interesa saber lo que éste piensa, ni cuál es su opinión sobre ellas o sobre su mundo. En esa indiferencia suprema a la opinión del prójimo hay una afirmación de poder. La mujer moderna se apropia en estos cuadros del derecho, hasta ahora ejercido exclusivamente por los hombres, de vivir su propia vida y configurar su propio canon. Se siente feliz con su gordura y la exhibe desafiante. Quiere estar cómoda, con las carnes sueltas y al aire. En varios cuadros (*La Venus roja, La perra guardiana, Transformaciones*) se percibe una clara simbiosis entre las sinuosas líneas del cuerpo femenino reclinado y el perfil de un horizonte de montañas. La tierra es carne y la carne es tierra en todo momento.

¿Cómo expresa la mujer su nuevo poder en los cuadros de Báez? A través de la mirada. En por lo menos una docena de obras la mujer se mira a sí misma en el espejo y se ve reflejada en su verdad. La profundidad nace cuando lo que miramos nos mira a su vez y nos define. En un ensayo sobre *Las Meninas* de Diego Velázquez, publicado en su libro *El orden de las cosas*, el crítico francés Michel Foucault señala cómo ese cuadro fue fundamental para el desarrollo de la pintura moderna en Europa. Hasta ese momento el pintor se veía a sí mismo como sujeto de un orden superior: Dios, los reyes, las autoridades eclesiásticas. Pero en *Las Meninas* por vez primera vemos al pintor en primer plano, adscribiéndose la misma autoridad que los personajes que pinta. Se trata de una obra ambigua: nunca sabemos si la imagen pintada por Velázquez está reflejada en un espejo situado entre el pintor y nosotros, o si es la realidad concreta del estudio del pintor. Como en *Alicia en el país de las maravillas*, en *Las Meninas* no sabemos si estamos adentro o fuera del espejo, porque el afuera es el adentro y el adentro el afuera. Es la mirada creadora del pintor-autor lo que hace posible la unión de significante y significado.

Báez adopta esta misma perspectiva, emblemática de la sensibilidad moderna por su íntima relación con "el otro". En *Desnudo ante el espejo*, la mujer es a la vez la observada y la observadora. En la superficie del espejo que la refleja, la imagen de su cuerpo se confunde con el paisaje puertorriqueño, y es en ese preciso momento en que nace la obra de arte. Como en la obra literaria, la obra pictórica de Báez es una respuesta que pregunta y una pregunta que responde a un misterio irresuelto: ¿cuál es la verdadera naturaleza del mundo?

El misterio en la obra de Lucía Maya

Siempre he creído que los nombres no son fortuitos sino proféticos. Lucía Maya (Luz Elena) nace en 1953 en la isla de Santa Catalina, y el nombre con que la bautizan sus padres ya delinea la ruta que habría de tomar su vida. En él está implícita la naturaleza de su vocación como artista.

Santa Lucía es la santa a la cual el emperador Diocleciano le manda arrancar los ojos en el siglo IV por negarse a renunciar a la fe cristiana. Lucía es símbolo, por lo tanto, del descubrimiento de una vocación, y a la vez de una doble visión: la mirada que damos al mundo que nos rodea y la que dirigimos hacia adentro, hacia las profundidades del subconsciente y del sueño. La obra de Lucía Maya tiene mucho que ver con esta mirada doble, ilustrada gráficamente en la exposición del Museo de Arte de Ponce: *Epidermis del sueño*. Del oculto ser que somos, a la vez que del ser público y social, emana toda la inspiración del arte.

Es interesante notar cómo México aparece relacionado con el surrealismo durante la mayor parte del siglo XX. André Breton, el fundador del movimiento surrealista, visitó México en 1937, donde vivió por un tiempo y compartió con los artistas mexicanos de simpatías comunistas que se reunían por aquel entonces alrededor de la figura de León Trostsky. Breton conoció a Frida Kahlo (1907-1954) y ejerció una influencia definitiva sobre su obra. "La obra de Frida es una bomba atada con una cinta roja y todos andamos enamorados de ella".

Las pintoras Remedios Varo (1908-1963) y Leonora Carrington (1917-), ésta última nacida en Inglaterra, pero mexicana por adopción, también están, como Lucía Maya, marcadas por el surrealismo. Remedios es la más influenciada por Freud y Leonora, la más intelectual: incurre en el mundo de las visiones interestelares y de la ciencia ficción y se adentra en el subconsciente. Khalo es la más política y autobiográfica. Su obra recrea su vida tempestuosa con Diego Rivera, lo que la ha convertido en objeto de culto entre las feministas. Kahlo también ofrece una crónica sociopolítica del México de los años veinte y treinta, lo cual le da a su arte un cariz interesante e histórico. Pero todas estas pintoras profundizan en la realidad interior, en los sueños, visiones y terrores del diario vivir. También son todas feministas y sus obras a menudo expresan la protesta y la inconformidad con los cánones machistas de la sociedad contemporánea.

Este fenómeno de cuatro mujeres que se distinguen en un arte que tiene como base la develación del subconsciente recuerda el de las cuatro poetas posmodernistas hispanoamericanas que las precedieron por algunos años: la uruguaya Delmira Agustini (1886-1914), la también uruguaya Juana de Ibarbourou (1895-1979), la argentina Alfonsina Storni (1892-1938) y la chilena Gabriela Mistral (1889-1957).

Lucía Maya es, de esta pléyade de mujeres enormemente creativas con el óleo, la más terráquea de todas. Hay en sus cuadros un aliento a tierra del que emana una calidez sorprendente. No se trata de imágenes insustanciales que pasan frente a nosotros como celajes líricos, ni de miedos o terrores ilustrados como sucede con las obras de Leonora Carrington, o Remedios Varo. Maya, como hicieron los mayas presentes también en su nombre, mantiene un contacto íntimo con la madre tierra, origen de todo lo que la rodea. LaTierra es un planeta, pero también un elemento universal, junto con el agua y el fuego. Por esto resulta tan llamativo un cuadro como *El último latido*, donado recientemente por la artista al Museo de Arte de Ponce. En él la Tierra, con forma de corazón partido, flota, como la manzana de Magritte, en un espacio infinito. Un grupo de niños juega inocentemente sobre una de las dos mitades sin darse cuenta de que están a punto de precipitarse al abismo. A diferencia de Khalo, en la obra de Maya las referencias a una historia femenina y personal son siempre sutiles y enriquecen el cuadro sin hacerlo ilustrativo.

"La realidad que Lucía Maya descorre es la del dolor, la de la separación irresoluble, la pérdida constante, la libertad que ella considera un sueño irrealizable ya que todos sus personajes están atados [...] El corazón en la obra de Lucía Maya es la misma flor que se esconde en el centro de la tierra y de cuya existencia depende cada uno de nosotros", ha dicho la escritora mexicana Elena

Poniatowska. La de Lucía es, sin duda, la más feminista de entre las obras de las cuatro pintoras mexicanas.

Maya es una excelente dibujante. Su hábil dominio de la línea recuerda el de los pintores renacentistas. Sus dibujos "tienen una calidad de miniatura, hechos con paciencia de alquimista, con líneas perfectas, dibujos que se animan con el color, es decir adquieren ánima, alma, subconsciente", afirma la conocida crítica de arte dominicana Mariannne de Tolentino. Esta extraordinaria facilidad técnica está hábilmente manejada. Lucía ilumina sus dibujos con un magistral uso del color: la pintura al óleo les da alma. Nunca cae en la ilustración fácil, en la representación literal y gráfica de un tema. En sus cuadros late siempre un intento de alcanzar el más allá: el misterio de la metáfora está siempre presente. La calidad narrativa de muchos de ellos hace también que el observador se involucre apasionadamente en su obra.

Tomemos, por ejemplo, *Ofelia,* que figura en esta muestra. Un barco de papel de color rosado tiene por quilla a una mujer desnuda. Los niveles metafóricos aquí son varios: la vida como barco de papel (tema que aparece en diversas canciones populares de América Latina), la vida como viaje, etc. Metáforas por lo demás bastante frecuentadas y que, por tanto, no nos sorprenden. Pero la imagen central del cuadro —la mujer como quilla de su propio barco— resulta fresca e innovadora. En la literatura latinoamericana y universal la mujer es vista como mascarón de proa, como objeto sexual con el cual el barco se abre camino por los océanos del mundo —como sucede en algunos poemas de Neruda—. La imagen de Lucía Maya es totalmente distinta. Es positiva y liberadora: la vida de la mujer es tan frágil como un barco de papel, por eso necesita tener el control de su destino y ser su propia quilla.

El título, como sucede a menudo en la obra de Maya, contribuye a la riqueza simbólica. Ofelia es una de sus máscaras: se trata de la enamorada de Hamlet, que pierde la razón a causa del rechazo de éste. La muerte de Ofelia está prefigurada aquí en el barco de papel, cuya quilla permanece sumergida mientras la nave avanza. Ofelia muere, recordémoslo, ahogada. La mujer del barco de papel, la Ofelia moderna, tiene que aprender a dirigir su barco sin suicidarse.

Lucía utiliza otras máscaras en sus cuadros: Isis, Circe, Hécate, Elena y las Bacantes son algunas de ellas. En esta muestra se destacan Lilith y el ángel vampiro, ambas relacionadas. Los cuadros *En la piel de Lilith* y *La constelación de Lilith* se inspiran en el mito judío de la primera mujer, que es de origen asirio. En la tradición talmúdica Lilith, la primera mujer de Adán, fue repudiada por éste por querer autogestionarse, por empeñarse en vivir la vida según su propia voluntad. Lilith es destruida por Dios, quien crea a una Eva relativamente obediente (después de todo, comerse una manzana no es un pecado capital) y la pone en su lugar.

El mito del doble o de los hermanos geme-
los está también muy presente en esta exposición.
Desacuerdo resulta un cuadro impactante por el
mensaje subliminal que transmite. Todos tenemos
nuestro doble, la conciencia racional y la irracio-
nal. Cuando la racional nos remuerde estamos in-
felices porque nos mordemos a nosotros mismos,
e igual nos sucede a la inversa. Pero cuando nuestros dobles están en armonía, la vida transcurre
serena y pacífica. *Madre Fagia*, *Epifanía* y *Elegía* están realizados desde el punto de vista del doble
armónico, muy presente por demás en la obra de
la pintora.

Son muchos los comentarios que podrían
hacerse a la obra de Lucía Maya, que ha alcanzado
reconocimiento mundial. A mí como escritora lo
que me cautiva es el misterio que la anima. Con-
templar las pinturas de Remedios Varo o de Leonora Carrington puede despertar en nosotros un
leve sentimiento de temor o de extrañeza. Pero la
obra de Lucía nos causa un escalofrío de reconocimiento: estamos ante lo desconocido que conocemos muy bien. Cada cuadro es una ventana por la
cual nos asomamos a nosotros mismos, a un evento que hemos vivido, aunque no recordemos que
fuese parte de nuestras vidas. Como compartimos
los sueños, así compartimos también las escenas
de Lucía. ¿Cuándo estuvimos allí?

Los horizontes de Carmelo Sobrino

Asegura Octavio Paz en *Corriente alterna* que la palabra y sus elementos constitutivos son campos de energía, como los átomos y las partículas. "La naturaleza es lenguaje —dice Paz— y éste es un doble de aquélla. Recobrar el lenguaje natural es volver a la naturaleza antes de la caída y de la historia. La poesía es el testimonio de la inocencia original". Esta cita puede aplicarse a la obra de Carmelo Sobrino, uno de nuestros pintores más profundos y poéticos.

Mi relación con Carmelo viene de lejos. En 1970 adquirí en la Galería Marrozini un dibujo suyo a lápiz sobre papel, *Abuelita*, una de sus primeras obras. Quizá mi amor por él proviene de la naturaleza de su arte: Carmelo es escritor como yo. Para él todo arte es horizonte, transformación constante, y en el Caribe se vive, más que en otros lugares, al filo de los horizontes.

Son muchos los horizontes que nos rodean. La epidermis del cuerpo es un horizonte que separa el mundo de adentro del mundo de afuera, el espíritu del cuerpo. En Puerto Rico, rodeados por el mar por los cuatro costados, todo es paisaje. Sobrino pinta el arrabal, la playa cubierta de bañistas, las carreteras pululantes de autos, los pueblos costeros como Arecibo, Dorado, Fajardo: todos tienen el mar como telón de fondo. Por eso sus cuadros están compuestos de signos fragmentados, de residuos de letras que una vez expresaron nuestra esencia y que hoy se difuminan y desaparecen. Somos un pueblo en vías de extinción, un pueblo que se aleja de sí mismo a velocidad vertiginosa. Nueva York, Orlando, Chicago suelen ser nuestro destino, pero en esa misma velocidad que perseguimos ante el abismo encontramos nuestra esencia ontológica. El horizonte nos traga y a la vez nos vomita. Puerto Rico en los horizontes de Carmelo es un hoyo negro, un mantra infinito que se repite y hace posible la supervivencia.

De la misma manera que el horizonte de la ciudad de Nueva York, podado ya de las torres gemelas de dos mil pies de altura, es una metáfora de los Estados Unidos, los horizontes de Carmelo, con sus mares de casitas agazapadas como si buscaran en el acercamiento a la tierra protección y sustento, son una metáfora de Puerto Rico. En estos cuadros el paisaje se hace y se deshace ante nuestros ojos en una creación constante.

El lenguaje es el horizonte que distingue (y a la vez identifica) la realidad de lo imaginado: la frontera no es el español ni el inglés, la frontera se encuentra en la energía que oscila constantemente entre las lenguas: la necesidad de comunicación. En los cuadros de Carmelo hay comedia y hay tragedia. Los puertorriqueños somos letras en movimiento perpetuo, trompos en un baile que no cesa, carritos locos como los de su extraordinaria pintura

El túnel, que se desplazan a velocidad de centella por la oscuridad de una carretera que se pierde en las entrañas de la tierra.

Hay un punto de fuga en estos mantras que nos llevan a la meditación de la conciencia del ser. ¿Por cuánto tiempo podremos seguir jugando con nuestro destino, contaminando el aire, destruyendo los bosques, ensuciando las playas con los carbones incinerados de nuestros cuerpos asados a la *barbecue*? Vivimos (somos, bailamos) en una isla paradisíaca al borde del cataclismo.

Carmelo Sobrino no olvida de dónde viene. Nació en 1947 en Corujo, entre Manatí, Ciales, Morovis y Vega Baja. Corujo es un barrio limítrofe, una frontera de regiones desde la cual se divisa, en la lejanía, el mar. "Era un lugar alto, poblado de robles rosados y de árboles de chinas —recuerda. Esa topografía mansa despertó en mí una conciencia clara de la importancia de la naturaleza".

Su familia, humilde, pero no pobre, labraba la tierra para su sustento. El abuelo trabajaba en la zafra cortando caña, y era también músico de guitarra y cuatro. La abuela hacía talas de maíz, de batata y habichuelas. Fue entre las hortalizas, entre tomates, lechugas y ajíes, donde Carmelo desarrolló por primera vez un sentido del color.

La primera vez que vio una obra de arte fue en casa de su abuela. "La vi cortando un canto de palo de un árbol de guanábana; fue dándole golpes al palo hasta que ante mis ojos asombrados salió el cabo de un machete. Le hizo una hendidura y metió en ella la lama del machete, amarrándolo con una soga. Eso fue un acto de magia para mí, sacar algo de la nada. Mi abuela era una artista".

Carmelo estudió en la escuela pública de Manatí, adonde se mudaron sus padres cuando la caña se vino abajo. En Manatí conoció a Quico, pintor de rótulos, de quien se hizo aprendiz. Quico dibujaba letras en las paredes y en las vitrinas de las tiendas del pueblo. Sobrino empezó midiendo las letras de Quico con regla y pasándoles por encima con un pincel. Aprender la S y la O —las letras con las que comienza su nombre— se le hizo muy difícil. "Tuve que dibujar cientos de letras, pinté rótulos como loco. Tenía que cortar clases para irme a hacer rótulos por los pueblos: Arecibo, Barceloneta, Morovis, Ciales, Vega Baja". Sobrino vivía, literalmente, de lo que escribía. Las letras, dice, me llevaron al mundo.

"Los horizontes son importantes porque son recipientes. En ellos depositamos lo que llevamos dentro", sostiene. Pueblo, barrio, aldea, gran ciudad, Puerto Rico está contenido en las telas de Sobrino tal y como quedó estampado el rostro de Cristo en el lienzo de la Verónica. Un pueblo que llora, pero que también goza.

Don Miguel Pou

Cuando lo conocí vivía en Ponce en una casa de madera toda pintada de verde que estaba en la calle Salud, cerca de la iglesia de la Merced. Al envejecer se puso muy delgado y adquirió un cierto aire de caballero andante que iba a todas partes con su caballete y su lienzo a cuestas. Era tímido y de pocas palabras y, cuando se hizo famoso, todas las muchachas de familia bien de Ponce le pedían un flamboyán de regalo de bodas. Siempre me llamó la atención, que pese a su popularidad, a don Miguel Pou se le criticara por lo que se consideraba su timidez experimental. Se decía que pintaba bonito para darle gusto a la élite y vender sus cuadros. Que no era lo suficientemente atrevido para ser un gran pintor, un creador de nuevas formas. Que era hedonista porque pintaba mujeres lindas y hermosos paisajes; que sus cuadros eran estampas folclóricas que casi llegaban a ser postales turísticas si no fuesen obras de arte. Hoy estas críticas han sido superadas en su mayor parte y don Miguel Pou es reconocido, junto con Frasquito Oller y José Campeche, como uno de los tres maestros de la pintura puertorriqueña.

Don Miguel nació en 1880 y murió en 1968, y siempre afirmó que su mayor influencia fue la de los pintores impresionistas, pero sólo en cuanto al uso del color. Él mismo reconocía que su pintura se afirmaba en lo clásico y en lo tradicional. Resulta interesante examinar sus cuadros desde esta perspectiva: la del pintor que se autodenomina conservador y que, a pesar de ello, logra alcanzar la universalidad en sus pinturas.

Lo extraordinario es precisamente cómo Pou logró plasmar en sus lienzos, al estilo realista y sin aparentes riesgos ni dificultades, la imagen de su patria. Tomando como suya la máxima de Stendhal, consideró que su deber era ser el espejo de su pueblo, sin necesidad de formular grandiosos comentarios políticos o psicológicos. En sus pinturas, muchas de ellas estampas costumbristas, se percibe una humanidad que sólo puede ser la nuestra, la puertorriqueña: la mujer de los mangos con su alegría poderosa y llena de vida; la mirada pensativa y soñadora de Ciquí, el pelotero ponceño amigo de Pancho Coímbre; la figura modesta, pero a la vez llena de dignidad de la viejecita de *La promesa*; la inocencia y frescura en el rostro de la niña campesina. Estos cuadros son universales porque no pueden ser otra cosa que puertorriqueños.

Ésa es la función del arte, ofrecerle al pueblo un espejo de lo que es, para que pueda llevar la frente en alto y no olvidar su pasado. En cada uno de los cuadros de don Miguel Pou se aloja un pedazo de nuestro paisaje: las lavanderas del río, los coches de Ponce, la calle Loíza, el paisaje de Barranquitas. Estos lienzos son como ventanas por las que nos asomamos, como se asomaba don Miguel por la ventana de su estudio; y en cada uno de ellos estamos nosotros.

Los placeres de la lengua

La lengua y sus significados

Existe una huella lingual tan inconfundible como la digital que nos identifica. La lengua está tan ligada a la emisión de la voz, al sonido que emitimos al pasar el aire a través de nuestras cuerdas vocales, como a nuestra identidad personal y nacional. El español, ese conjunto de palabras que conforman el lenguaje de un pueblo, acompañó a los españoles en la colonización de América de una manera muy especial. Los españoles eran muy conscientes de su importancia, porque sabían que la hegemonía política sigue a la lengua por donde quiera que ésta va.

La lengua articula los sonidos del lenguaje. Es como una gran directora de orquesta: dirige la música de la voz, que resuena en la garganta, en la boca y en la cavidad del pecho, así como entre los labios, la mandíbula, el paladar y los dientes, todos ellos ejecutantes del concierto del lenguaje. La lengua es probablemente el órgano que más tiene que ver con la felicidad o la infelicidad de los seres humanos. Nos permite comunicar nuestros pensamientos y sentimientos y nos salva de la soledad. También hace posible la comunicación con Dios.

La palabra *lengua* puede tener muchos significados. Tener la lengua de trapo quiere decir tener el pensamiento confuso. Ser lengüilargo quiere decir ser tramposo, tener la lengua tan larga que se enreda en la lengüeta de los zapatos. Ser deslenguado no quiere decir carecer de lengua, sino tener demasiada. El lengüetero es chismoso; el lengüicorto, tímido. En ciertas circunstancias, bilingüe equivale a traidor (como les sucedía a los judíos en Alemania durante la Segunda Guerra Mundial). En otras, ser bilingüe o trilingüe significa ser modernos, estar en contacto con el amplio mundo.

No todas las personas utilizan la lengua de la misma manera. Algunos la emplean para ayudar al dedo a contar billetes de banco. Otros la utilizan mayormente para degustar las delicias del paladar, o las del amor. Los escritores, por ejemplo, la usan pasada por tinta y luego impresa en hoja de papel *bond*. Para éstos, la lengua queda para siempre aplanada bajo los rodillos de la imprenta que publica sus libros.

Existe hoy en los Estados Unidos y Puerto Rico un debate candente respecto a la lengua. Los miembros de la Real Academia de la Lengua Española y los profesores universitarios nos señalan constantemente los peligros del *spanglish*. El crítico y profesor de Yale, Roberto González Echevarría, escribió una columna en el *New York Times* ("Kay Possa?", 28 de febrero de 1997) afirmando que el *spanglish* es el lenguaje de los hispanos de los barrios pobres, que son casi analfabetos en ambos lenguajes. Incorporan la sintaxis y el vocabulario del inglés porque no tienen conocimientos suficientes del español para adaptarse a la cultura que los rodea. El *spanglish*, en su opinión, significa la derrota del español;

el golpe imperialista final y la imposición de una forma de vida —la norteamericana— que domina económicamente, pero que culturalmente no es de ninguna manera superior a la hispana.

Estoy de acuerdo con este planteamiento hasta cierto punto. Los escritores puertorriqueños tenemos la responsabilidad de velar porque el español se hable y se escriba correctamente. Los dialectos fronterizos como el *spanglish* resultan muy artísticos y originales, útiles para romper las barreras de los prejuicios entre naciones, pero son vehículos expresivos de minorías. Fraccionar un lenguaje equivale a fraccionar una nación, el babelismo sólo dificultaría el progreso de la comunidad hispánica en el mundo entero. El español es hoy, junto con el hindú, el inglés y el mandarín, una de las cuatro lenguas más habladas en el mundo, y fragmentarla en dialectos le restaría significación cultural y política.

Y, sin embargo, también pienso, como Juan de Valdés, que la norma del uso es imprescindible para la vitalidad de la lengua, y que el "escribo como hablo" de su *Diálogo de la lengua* (1535) sigue estando sorprendentemente vigente. Los regionalismos son muy valiosos y le dan un sabor particular a la lengua, si el abuso no conlleva una alteración lingüística tal que imposibilite la comunicación.

También es comprensible que si las relaciones de Puerto Rico con los Estados Unidos son más importantes que nuestras relaciones con España o México, se introduzcan en nuestra lengua más anglicismos que mexicanismos o españolismos. Es lógico que en Puerto Rico se diga *computadora* en lugar de *ordenador*, como suele decirse en España, dado nuestro intercambio comercial con los Estados Unidos. Aun sin desdeñar esta realidad física y económica, debemos ser conscientes del uso correcto de nuestra lengua y velar por la salud de nuestra gramática y de nuestro vocabulario. La máxima de la Real Academia de la Lengua Española, "limpia, fija y da esplendor", no debe parecernos anacrónica. Intentar controlar la lengua de 400 millones de habitantes a través del globo resultaría tan inútil como decirle a un elefante cuándo debe cruzar la calle. El español seguirá su curso, diga lo que diga la Real Academia, y lo más que se puede hacer es establecer una máxima ideal que asegure la comunicación entre los países hispanos.

El traspaso

En 1898, cuando las tropas norteamericanas desembarcaron por Guánica, hacía casi cuatrocientos años que éramos una colonia de España. La flota del Almirante Sampson bombardeó San Juan en mayo y, dos semanas después, la campaña por tierra había terminado. Los norteamericanos sufrieron cuatro muertes y cuarenta y siete heridos, y los españoles sólo tuvieron un número algo mayor de bajas.

La Isla pasó de España a los Estados Unidos el 18 de octubre de 1898. Ese día las compañías A,B, E, G, K, L y M del Undécimo Regimiento de la infantería norteamericana entraron en San Juan, armadas con bayonetas y cargando los instrumentos de su banda militar. En cada esquina de las principales vías de entrada a la capital podían verse parejas de soldados dispuestos en atención, mientras dos divisiones de artillería del Quinto Regimiento marchaban en dirección al Morro. Las llaves del castillo fueron entregadas formalmente al capitán norteamericano Henry Reed por el capitán de la artillería española, Ángel Rivero.

A las doce del mediodía, los cañones del Castillo del Morro y del Fuerte de San Cristóbal dispararon cuarenta y cinco cañonazos (un disparo por cada estado de la Unión), mientras la bandera norteamericana se izaba sobre todos los edificios públicos de la capital, inclusive el Palacio del Gobernador. Las plazas estaban atiborradas de gente que miraba el espectáculo en silencio. No hubo aplausos ni muestras de alegría, a diferencia de lo que sucedió en Ponce y Mayagüez, donde el traspaso había sido acogido con diversas celebraciones organizadas por comités de recibimiento.

¿A qué se debió aquel contraste entre la capital y la isla? En San Juan la gente tenía un nivel más alto de vida y mayor preparación. La capital era el centro del gobierno español y había un fuerte sentimiento pro peninsular entre muchos de los ciudadanos, aunque otros veían la ocasión como la oportunidad de cortar el cordón umbilical con España y acceder al poder político. La naturaleza misma de la ciudad amurallada, su reclusión tras los muros macizos, su miedo a otear el horizonte oceánico que la rodeaba, le venía de su centenaria necesidad de protegerse del "inglés", como se les llamaba tradicionalmente a los piratas. Y ahora los americanos, que hablaban inglés, tenían el control de su destino.

En Ponce y Mayagüez una parte considerable de la población de comerciantes y hacendados era de ascendencia francesa, alemana y corsa, y éstos le tenían a España poca simpatía. Durante siglos el imperio los había ignorado, acuciándolos con aranceles o persiguiéndolos por razones de religión y cultura. Por otra parte, en la isla había más pobreza, y el hambre alberga esperanzas en todo cambio.

Quizá por eso se notaba una alegría cautelosa, un optimismo que no se asumía plenamente.

El traspaso de mando se llevó a cabo en el Salón del Trono de La Fortaleza, donde el Estado Mayor español le entregó la soberanía de la Isla al comando militar norteamericano. Una foto de la ceremonia, incluida en la *Historia de Puerto Rico*, de Paul Miller (1922), resulta ilustrativa del rol que jugó Puerto Rico en el drama fantasmagórico de una guerra sin estruendo y casi sin muertos. El general R. Brooke (el futuro gobernador de la Isla) aparece en la foto codo con codo junto al general Frederick Grant (hijo del general y presidente de los Estados Unidos U. S. Grant). Los generales Sheridan, Gordon, y el comodoro Scheley, vestidos con uniformes de gala de lana azul marino (¡en el calor de octubre!), las manos enguantadas colocadas sobre sus sables, aparecen sentados en el lado derecho de la mesa. El gobernador saliente, Ricardo Ortega, y sus generales, sentados a la izquierda, vistiendo estrujados uniformes de dril, aparecen hundidos en sus asientos, los rostros pálidos y ojerosos, las manos desnudas reposando desarmadas sobre los muslos. Detrás de la mesa cubierta de documentos se encuentran presentes los únicos puertorriqueños del grupo: Manuel del Valle Atiles y Manuel Paniagua, ambos vestidos de civil. Testigos de cómo la Isla pasaba de manos españolas a manos norteamericanas, sirviendo proféticamente de traductores, de intérpretes del inglés y del español.

De isla de San Juan Bautista
a isla de Puerto Rico

Desde el siglo XVI Puerto Rico sufrió muchas transformaciones, como lo evidencian sus cambios de nombre. Del Borinquen original de los taínos (Tierra del Valiente Señor) pasamos a llamarnos Isla de San Juan Bautista. El nuevo patronímico, junto con la oveja del escudo, nos vino del predicador que anunció la llegada de Cristo en el desierto de Judea, el mismo que fue decapitado tras la danza de siete velos de Salomé. Los Reyes Católicos nos lo dieron en honor del príncipe Juan, único hijo varón y heredero al trono. Tampoco fue éste un buen augurio, y por ahí también se perfila la tragedia: el príncipe murió joven, luego de su boda con una princesa de Flandes y su hermana, Juana la Loca, quedó en línea directa como heredera al trono.

La oveja blanca de San Juan, junto con el lema "por ser muy fiel y muy leal", pasaron a formar parte de nuestro escudo. Esto nos confirió un aura pacífica que ha durado cuatrocientos años. Ni como colonia española, ni como colonia norteamericana, hemos conocido la guerra en suelo patrio, aunque durante muchos años los ataques de los piratas convirtieron con frecuencia a San Juan en rudo campo de batalla.

San Juan era la plaza fuerte donde se guardaban los depósitos de oro y plata traídos por la flota española desde el Perú. Los galeones españoles, procedentes de Sevilla, venían aquí a recoger el tesoro para llevarlo a España. Piratas como Sir Francis Drake en 1595, George Clifford en 1598, Boudewijn Hendrikszoon en 1625, y Sir Ralph Abercrombie en 1795 estaban todos muy al tanto de ello. A excepción del Conde de Cumberland, George Clifford, que logró conquistar San Juan por un tiempo breve, todos los corsarios fueron derrotados.

Estos tesoros, fieramente guardados en los depósitos de La Fortaleza, motivaron el nuevo cambio de nombre: de isla de San Juan Bautista, a isla de Puerto Rico. La capital pasó a ser la dueña del patronímico conflictivo, resonante de martirologio y sueños reales frustrados.

Tal y como lo pinta José Campeche, el San Juan del siglo XVIII es un espacio elegante poblado de casas con techos de veinte pies de altura, pisos de loseta de mármol y calles adoquinadas. Las ventanas abren a una bahía donde los galeones españoles están constantemente llegando y zarpando. A bordo viajan generales, obispos, gobernadores y todo tipo de burócratas ocupados en administrar la colonia. Los personajes de Campeche visten la misma ropa que los de los cuadros de Goya: sombreros con plumas enormes, chaquetas galonadas, bastones de puño de oro.

El campo, con frecuencia dividido en here-
dades concedidas por el rey a familias nobles que
a menudo habitan en la capital, lo pueblan en gran
parte esclavos cimarrones que escapan de las islas
cercanas. Según la ley española, todo esclavo nacido en una nación extranjera quedaba libre una vez
pisaba Puerto Rico. Hay también soldados renega-
dos, marineros desertores, convictos que huyen de
los barcos mientras navegan cerca de la costa.
Unos y otros fundan hatos de ganado y se estable-
cen fuera de las murallas de San Juan, donde desa-
rrollan una economía de contrabando con las
vecinas Antillas Menores.

Quizás por ser la más pequeña de las Antillas Mayores, España ignoró siempre a Puerto Rico. Los negocios en Cuba y Santo Domingo eran
más prósperos, las tierras más generosas. Nuestras
haciendas nunca florecieron, la burguesía nunca
fue muy acaudalada. Gran parte de nuestra historia se definió alrededor de una riqueza mítica y pa-
sajera que pernoctaba en las mazmorras de la
Fortaleza. El Puerto Rico de riqueza fabulosa fue
siempre un sueño.

De Puerto a Porto

Cuando los norteamericanos llegaron a la isla en 1898, Puerto Rico pasó a llamarse oficialmente Porto Rico. No podían pronunciar el diptongo *ue*, y lo consolidaron en la o de Porto. Un lugar inexistente, un disparate, eso era Porto Rico pero durante muchos años aceptamos el cambio y nos llamamos a nosotros mismos portorriqueños haciéndonos eco del despropósito de los extranjeros. Nuestra cultura tenía doscientos años cuando los Peregrinos desembarcaron en *Plymouth Rock*, pero rehusábamos reconocerlo.

Al poco de esa llegada caímos en una de las crisis más terribles de nuestra historia. El cambio de hegemonía y el huracán San Ciriaco, que azotó la Isla en 1898, nos hundieron en la miseria y en la recesión. Perdimos el mercado del café y el negocio del azúcar pasó mayormente a manos norteamericanas. La ironía era evidente: llamarnos Puerto Pobre hubiese sido mucho más adecuado.

Durante los primeros cuarenta y cinco años de hegemonía norteamericana, la Isla permaneció bajo la tutela del Departamento de Guerra y, luego, bajo la del Departamento del Interior. La mayoría de los oficiales gubernamentales eran nombrados por el

Presidente de los Estados Unidos. Esta situación provocaba resentimiento y desilusión: éramos parte de una nación democrática y se nos negaba el derecho a participar en el proceso de gobernarnos a nosotros mismos. Como territorio sin incorporar, sólo se nos permitía elegir a los miembros de la Cámara de Representantes. Pasaron treinta años antes de que pudiéramos escoger a nuestro primer gobernador: don Luis Muñoz Marín, quien fue electo en 1948. Gracias a su iniciativa, en 1952 se celebró la convención que ratificó la constitución de Puerto Rico, previa aprobación por el Congreso.

La segunda mitad del siglo veinte trajo aún más cambios. Pasamos del mítico Puerto Rico de nuestros antepasados, donde la inmovilidad feudal les aseguraba una existencia protegida a unos cuantos, y precariedad y hambre a la mayoría, a una sociedad que vive en constante cambio, luchando por una democracia más justa. No importa el partido que gane las elecciones, nuestra identidad puertorriqueña está cada vez más fuerte. Cuando viajamos al continente, pronunciamos con claridad nuestro nombre, separando la u de la e y poniendo el énfasis en el diptongo de Puerto y en la erre de Rico, para que nadie piense que venimos de Porto Rico, un país inexistente.

El castillo de la memoria

En su ensayo *Los hijos del limo* Octavio Paz afirma: "La relación entre los tres tiempos —pasado, presente y futuro— es distinta en cada civilización. Para las sociedades primitivas el arquetipo temporal, el modelo del presente y del futuro, es el pasado. No el pasado reciente, sino un pasado inmemorial, que está más allá de todos los pasados, en el origen del origen. Como si fuese un manantial, este pasado de pasados fluye continuamente, desemboca en el presente, y, confundido con él, es la única actualidad que de verdad cuenta. La vida social no es histórica, sino ritual".

He tomado esta cita de Octavio Paz como punto de partida para mi presentación de la novela de Olga Nolla, *El castillo de la memoria* —publicada por la editorial Alfaguara—, porque ilumina de manera particularmente eficaz la naturaleza de esta obra. Como el *Orlando* de Virginia Woolf, la novela de Nolla, es, ante todo, una novela ritual, que no está hecha de cambios sucesivos, sino de la repetición rítmica de un pasado intemporal. Nuestro pasado fluye en ella, primero, como un manantial prístino, luego, como un río caudaloso y, finalmente, como un enorme océano que nos nutre y nos enmarca. Poeta al fin, Olga Nolla hace uso de la metáfora para nombrar esa verdad imperecedera que yace oculta detrás de nuestra historia oficial, de la realidad pragmática y materialista de nuestro siglo. Dios, declara uno de sus personajes, es siempre una metáfora del misterio.

Hacía falta, mucha falta, que esta novela se escribiera en Puerto Rico. Como bien dice Octavio Paz, los pueblos no son pueblos sin que su historia sea por fin contada desde la profundidad del mito, sin que sus artistas logren conectarlos a las fuentes de las leyendas de la tribu. Como Juan Ponce de Léon, el protagonista de esta novela, Olga Nolla descubre que la fuente de la inmortalidad no es nunca personal, sino colectiva. Un pueblo que recuerda, y que logra capturar en el misterio de la metáfora lo recordado, es un pueblo que no morirá nunca, es un pueblo inmortal.

El adelantado Juan Ponce de León, conquistador de Boriquen, Capitán General y primer colonizador de la Isla, se embarca hacia la Florida en busca de nuevos asentamientos. Pero comete el pecado de la soberbia: ansía ser inmortal. Se empeña en descubrir la fuente de la juventud, no para adquirir conocimiento —esa lección la aprenderá más tarde—, sino porque teme morir. Como a Fausto, el diablo le hace el desfavor de mostrarle el manantial de la inmortalidad. Pronto, sin embargo, cuando sus seres queridos mueren y se queda solo, clama por la muerte. Por los próximos cuatrocientos años se convierte en peregrino y va por el mundo bebiendo en todos los ríos que encuentra a su paso, tratando de encontrar el que le devuelva la mortalidad perdida —"el antídoto a la endiablada fuente de la juventud juventud"—.

Pero a través de su largo peregrinaje por el mundo —Juan Ponce visita Tenochtitlán, Cartagena, Ciudad de Guatemala, así como Benarés, París, Madrid y docenas de otros lugares— descubre la pasión por el conocimiento. El ansia que lo consume lo hace transformarse en fraile dominico —Juan de Sanlúcar—. Gracias a esa pasión puede esperar pacientemente durante cuatrocientos años, sin jamás maldecir a Dios ni perder su fe, hasta que por fin encuentra el ansiado río de la muerte y se salva.

Una de las anécdotas más memorables de esta novela es la siguiente. En uno de sus peregrinajes, Juan Ponce viaja al París del siglo dieciocho, porque ha oído decir que allí se reune un grupo de intelectuales que intentan hacer acopio del saber universal. Él, que tanto había vivido y estudiado, debía unirse a ellos, le insiste uno de los frailes del monasterio de Santo Domingo de Silos, donde se encuentra Ponce refugiado hace ya más de cien años. "Son gentes que están convencidas de que la vida de hombres y mujeres sobre este planeta puede mejorarse si sustituimos la fe por la razón".

Fray Juan viaja entonces París y conoce a Diderot, a Voltaire, a Rousseau, a Bacon, a Condorcet. Con todos ellos discurre. En una ocasión le preguntan:

—¿Ha observado usted en sus viajes y peregrinaciones si todas las razas y culturas del mundo tienen algo en común?

—Conciben un ente superior, respondió fray Juan, muy racionalmente. Y añade que para todas las razas y culturas, Dios es una metáfora del misterio.

—¿Pero no cree usted que podemos descubrir y explicar con la razón todos los misterios del universo? —preguntó muy excitado Voltaire.

—No —dijo Fray Juan— la metáfora es el vínculo emocionalmente más profundo que los humanos podemos establecer con el mundo.

Pero, en *El castillo de la memoria*, no sólo Juan Ponce está contagiado por la fiebre del conocimiento. También a las mujeres de esta novela las consume la pasión por el saber. Doña Josefa Estela y Salvaleón, por ejemplo, la madre de Lope López de Villalba —que reside en el castillo mítico de Villalba, asentamiento legendario de la familia López "cuyas piedras eran blancas porque las montañas de Navarra, de tan fieras, se tragaron las nubes"— "tocaba el arpa como un ángel y gustaba de leer libros prohibidos tales como los sonetos de Petrarca y los poemas de los trovadores provenzales". Doña Josefa "lee el futuro porque conoce el pasado." Y le aconseja a su hijo en una de sus muchas cartas que "le cuente a sus hijos y nietos sobre el castillo de Villalba, para que no olviden quiénes son. Aquellos que lo olviden regresarán a la nada de donde vinieron, pero los que lo conozcan quedarán entretejidos al tapiz invisible de la conciencia de quienes somos". Juan Ponce de León no sólo es un descubridor de la realidad exterior, es un descubridor de la realidad interior. En el mundo exterior descubre Puerto Rico y la Florida, en el mundo interior hace dos grandes descubrimientos. El primero es que el espíritu o el alma no tienen edad. Juan Ponce, como el Orlando de Virginia Woolf, nunca envejece porque ama, ama el conocimiento, ama a sus mujeres —se enamora tres veces y se casa dos— y ama a sus dos patrias —España y Puerto Rico—. Cuando muere por fin, convertido en el capitán Juan Pérez —el nombre es nuevamente simbólico, Juan Pérez somos todos nosotros—, lo hace en paz consigo mismo y tiene la mente tan lúcida y joven como al divisar por primera vez las costas de la Isla.

Su segundo gran descubrimiento es que, para ser inmortal, para no perecer bajo la pata de cabro del Diablo que todo lo reduce al olvido, es necesario crear. Por eso a Juan le interesa más colonizar que conquistar; es agricultor por naturaleza;

ama la tierra porque crea, produce frutos. Y es por eso que Juan Ponce es también, desde el comienzo de la novela, escritor. Como en don Quijote, en él se funden perfectamente las dos vocaciones renacentistas: las armas y las letras. Desde que se embarca en su viaje a la Florida en busca de la fuente de la juventud, empieza a llevar un diario, que se encontraría quinientos años después en el fondo de un baúl del arzobispado de San Juan. Ese diario, que es la novela misma, se cita constantemente.

La importancia fundacional de esta novela está en su transformación de la historia en mito gracias a la imaginación. En Cuba Carpentier ya lo había logrado con *El siglo de las luces*, también Reinaldo Arenas con *El reino alucinante* y, en Trinidad, lo hizo V. S. Naipaul con *The loss of El Dorado*. Pero en Puerto Rico nadie lo había intentado todavía. Olga Nolla cuenta la historia de la conquista, fundación y colonización de Puerto Rico tal como sucedió, sólo que añadiéndole las lágrimas, los terrores, las penas y las alegrías de nuestros antepasados.

El castillo de la memoria, en fin, nos sitúa en el marco de la gran literatura fundacional del continente americano. Sólo al recrear, por medio de la palabra, el contexto en que vivimos, nos entendemos mejor a nosotros mismos, enseñanza cabal que Juan Ponce de León aprendió al llevar su diario.

Esta es una novela hermosa y profunda que todos los puertorriqueños deben leer para conocerse mejor. Pero es también una novela que llevará nuestro nombre en alto por el mundo, porque es un libro universal.

Olga Nolla: la vida como arco vital

La vida es un arco vital que comenzamos a tender cuando nacemos y finalizamos a la hora de la muerte. Algunos tienden ese arco sin darse cuenta de ello. Otros lo hacen conscientemente y son, paradójicamente, los más felices, y los que a menudo llevan también las vidas más difíciles. Olga Nolla fue una de esas personas que buscó y encontró el arco de su vida, que se cerró hace unos días en un círculo perfecto.

Olga nació el 18 de septiempre de 1938 en Río Piedras, en los días en que Hitler se preparaba para invadir el *Sudetenland*, en Checoslovaquia, a punto de estallar la Segunda Guerra Mundial. Lo sé porque nací diez días después ese mismo año, y he pensado siempre que ese momento conflictivo de alguna manera nos marcó, pues las dos hemos dado mucha guerra, cada cual a su manera.

Su padre, el Dr. José A. Nolla, fitopatólogo y agrónomo, dedicó gran parte de su vida al trabajo investigativo y experimental. Sus investigaciones sobre el injerto lograron un hallazgo importante para la industria azucarera: un tipo de caña de gran cultivo que rendía un porcentaje mucho más alto de azúcar; descubrimiento que ha sido injustamente olvidado por Puerto Rico. Su madre, Olga Ramírez de Arellano de Nolla, escritora fina y prolífica, fue autora del hermoso *Diario de la montaña* y de numerosos libros de poesía hoy relegados a anaqueles polvorientos.

Olga y yo nos graduamos juntas del Manhattanville College en 1960, con Ivonne Acosta, Carmen Mercedes Guerra y Teresita Picó. Éramos muy buenas amigas y siempre compartíamos mesa en el comedor. Resulta interesante que luego todas pudiéramos encauzarnos profesionalmente, un logro en una época en que había pocas carreras accesibles a las mujeres.

Durante los años que estudiamos en Manhattanville empecé a darme cuenta de que Olga tenía algo especial. Escogió para su área de estudios la Biología, en especial la Genética, campo cuya importancia muy pocas personas reconocían hace 44 años. Fue siempre una estudiante brillante, y su dedicación era absoluta.

Cuando Olguita tenía alrededor de diez años, a instancias de su madre, se aprendió de memoria *La canción de las Antillas* de Luis Llorens Torres —un hecho admirable, dada su corta edad— y tuvo que recitarla en una de las veladas navideñas que la familia celebraba todos los 24 de diciembre en Guanajibo. En Manhattanville una vez le pregunté por qué estudiaba Biología si yo sabía que amaba la Literatura. Y me contestó que más que la Literatura o la Biología ella amaba la verdad, y que la verdad sólo era posible descubrirla por medio de la investigación científica.

Con el tiempo se dio cuenta de que esto no era exactamente cierto. Descubrió que la escritura literaria podía ser tan efectiva como la ciencia para revelar la verdad, aunque no ya la del mundo natural, sino la del corazón humano. Para Olga, la escritura y el descubrimiento de la verdad estuvieron siempre íntimamente unidos.

Empezó a escribir a fines de los sesenta y comienzo, de los setenta, cuando editábamos juntas la revista *Zona de carga y descarga.* Por esos días publicó su primer poemario, *De lo familiar*, apadrinado por el crítico uruguayo Ángel Rama, a cuyas clases de literatura asistíamos en la Universidad de Puerto Rico.

La década del setenta estuvo marcada por la lucha de los derechos civiles a nivel mundial, y en Puerto Rico sucedió lo mismo. Comenzaba la batalla por la igualdad de la mujer, causa que Olga, como otras escritoras de Zona, abrazó apasionadamente. El derecho de la mujer a la libertad de su cuerpo y de sus opiniones, a la igualdad económica y de oportunidades —logros que aún hoy no se han alcanzado plenamente— era la consigna.

Olga abrazó esta lucha de manera particular. Para ella la libertad de la mujer era parte de la búsqueda de la verdad e integró su vida a ella. Como sucede tantas veces en la historia, cuando una creencia es asumida como compromiso vital suele ser peligrosa, tanto para quienes la llevan a cabo como para quienes los rodean. Ha sido la base del martirio en incontables ocasiones, desde la Edad Media en Europa hasta la persecución de los judíos bajo Hitler y las guerras modernas como las de Chechenia. Por eso la vida de Olga no fue fácil, y tampoco lo fue la de su familia inmediata. Fue víctima de comentarios derogatorios de personalidades que consideraban su obra peligrosa para la juventud, y la prensa de entonces se cebó con la situación. En una ocasión me pidió que la acompañara a una rueda de prensa que se celebró en la Universidad Politécnica de Río Piedras para darle apoyo, y así lo hice. Fui testigo de las preguntas que se le hicieron sobre *La segunda hija*, en las que hubo ecos vergonzantes de la Inquisición.

Estos contratiempos en ningún momento detuvieron su pluma. Escribió una docena de libros, uno tras otro. Es imposible aquí hablar en detalle sobre el mérito literario de Olga Nolla, pero me parece importante enfocarlo como parte de ese arco vital que constituyó su vida: su compromiso con la verdad. En su caso, no hay que temerle al olvido.

Caribeños: una crónica existencial

El escritor Edgardo Rodríguez Juliá ha estado presente en mi vida desde hace años. Ambos estudiamos en la Universidad de Puerto Rico durante los años setenta, así que compartimos salones y lecturas. A nuestros maestros, don Pablo García Díaz, doña Margot Arce, a cada uno le debemos algo y, al acercarnos a la edad que ellos tenían entonces, comprendemos con mayor claridad la entrega a una vocación que, aunque ingrata y a menudo inalcanzable, es en sí su propio premio. En aquel entonces no nos conocíamos, o sea, sabíamos quienes éramos, pero no nos habían presentado formalmente. Él era profesor y yo publicaba una revista literaria anárquica, *Zona de carga y descarga*, junto con otros estudiantes.

Cuando el profesor Arcadio Díaz Quiñones me entregó una copia de *La renuncia del héroe Baltasar*, el primer libro de Edgardo, le pedí que lo reseñara y él estuvo de acuerdo. Se publicó en el número ocho de Zona junto con el capítulo diez de la entonces inédita novela *La noche oscura del niño Avilés*, el cual ilustramos con un culo despampanante que supuestamente tenía mucho que ver con la Ruta del Povo, pero cuya relación con esa imagen alucinante hoy se me escapa.

Leyendo *Caribeños*, me doy cuenta de cuántas cosas compartíamos en aquellos años aun sin relacionarnos: el gusto por las canciones de Bobby Capó, por los antiguos caserones de balcones, la fascinación por la luz de los mangles, el perfume meloso del ron Barrilito. También teníamos en común el abuelo asimilista de conveniencia y el abuelo independentista de corazón; el abuelo hacendado venido a menos y el abuelo constructor de edificios para los norteamericanos.

Durante el curso de Literatura Puertorriqueña, la identidad nacional, a raíz del trauma del 98, tan nombrado por Manrique Cabrera en sus clases, nos parecía todavía una entelequia. Era un concepto metafísico encapsulado genialmente en los poemas de Julia de Burgos y de Palés Matos, pero inasible en las calles vertiginosas de Santurce. Nos faltaba todavía la melancolía que el paso del tiempo le conferiría a los lugares comunes y corrientes: a la Librería Hispanoamericana, desbordada de libros que Gallager traía de los países de América Latina que entonces nos parecían exóticos; a las tertulias en La Torre, con el tufillo a cloaca de la Avenida González que nos perseguía al cerrar la puerta.

Lo dábamos todo por sentado. Estudiábamos y descansábamos sobre el progreso que había alcanzado el Estado Libre Asociado, seguros de que

las cosas se quedarían así por buen rato, de que podíamos sentirnos seguros y contentos, asimilarlas y
disfrutarlas. ¡Cuán equivocados estábamos!

De todos los rasgos que Edgardo le adjudi-
ca a Puerto Rico en esta crónica del Caribe lo que
más llama la atención es el cambio. Cada país al
que se acerca —Venezuela, Santo Domingo, Marti-
nica, Cuba— es una ventana que nos permite mi-
rarnos y entendernos mejor, por similitud y
antítesis. A Puerto Rico, sin embargo, lo vemos por
un telescopio aterrador: es un cometa que se aleja
cada vez más velozmente de sí mismo y de su sis-
tema planetario. Afortunadamente, Edgardo, como Ramón Frade en determinado momento, tomó
la decisión de capturar el país en su lente imagina-
rio a temprana edad. "Como a Puerto Rico se lo está llevando el viento, por eso lo pinto" afirmaba el
cayeyano Frade. Rodríguez Juliá se dio cuenta de
que lo importante no era pintar la añoranza del pasado, la nostalgia folclórica empalagosa y reaccio-
naria, sino el cataclismo del cambio mismo. No es
gratuito el que uno de los ensayos de este libro se
intitule "Temporal" y acoja la crónica del huracán
Hugo, metáfora de los estragos que el tiempo ha
ejercido sobre nosotros en los últimos años.

Caribeños es un libro importante en la ya rica producción literaria de Edgardo Rodríguez Juliá. Conforma un anillo que reúne todos los temas

que el autor ha venido examinando durante su larga carrera. La identidad caribeña se aborda en él de muchas maneras: a través de la historia, la pintura, la música popular, de los caudillos políticos pero, sobre todo, a través de la crónica familiar, inseparable de la historia nacional.

En el primer ensayo, "Puerto Rico y el Caribe", ya nos anuncia el derrotero que seguirá en esta obra que, por la claridad de sus metas y la cuidadosa estructura, más parece una novela de crónicas que un conjunto de ensayos. Se identifica aquí el autor con Walcott, Césaire y Naipaul, todos ellos cronistas-poetas del Caribe. La identificación es certera: se trata de un poema-libro de profundidad erudita y vuelo extraordinario (recuérdese *Omeros*, de Walcott; *The enigma of arrival*, de Naipaul, y *Cuaderno de un retorno al país natal*, de Césaire). Esta preferencia por la forma híbrida, que combina varios géneros, pero conmueve básicamente por la intensidad lírica del *tempus fugit*, viene a ser la expresión formal de ese barroquismo posmoderno que Rodríguez Juliá considera parte fundamental del *ethos* puertorriqueño.

Edgardo ya había abordado el tema de la pintura en su libro *Campeche, los diablejos de la melancolía*, extraordinaria meditación sobre el carácter puertorriqueño a través de la obra de nuestro primer pintor. En ese libro se identifica el siglo XVIII como el momento en que nace la conciencia de país, siendo los cuadros de Campeche íconos de esa conciencia: el niño Avilés, don Ramón Power, la dama a caballo, son espejos, descripciones de nosotros mismos.

En *Caribeños* hace algo similar cuando alude a Armando Reverón, el pintor venezolano de comienzos del siglo pasado que se hizo famoso por sus cuadros que capturan la luz del Caribe. Ésta es una luz metafísica que tiene mucho en común con la luz intelectual que el escritor intenta arrojar sobre sus temas: "Reverón es el Van Gogh del trópico caribeño enloquecido, desde su excentricidad atrabiliaria y anacoreta, por la luz del Caribe [...] Su pintura será un heroico esfuerzo por plasmar una imposible metáfora de esa luz que transcurre y a la vez permanece[...] La música popular, que Juliá abordó anteriormente en *El entierro de Cortijo* y en el prólogo a "Mango Mambo", de Adal, constituye otro de los temas del libro. La música de Bobby Capó nos sirve de vehículo para emprender un viaje hacia el pasado que es un viaje hacia el futuro. "Bobby —nos dice Edgardo— canta un país nuevo, que tenía hoteles para festejar la luna de miel con la chulísima piel canela. Gracias a él empezamos a viajar por la belleza de nuestra propia tierra, hasta entonces la tierra desdichada del Jibarito de Rafael Hernández".

Bobby nos trae esa celebración del mulato sensual que rompe todos los platos y es felicitado por ello. "Bobby nos puso a los puertorriqueños en el mapa. Su popularidad continental como cantante le hizo posible una fama que su popularidad como prolífico compositor nunca le auguró". Desafiando los tabúes sociales, el *crooner* del patio se casó con Irma Nydia Vázquez, la rubia reina de Carnaval con la que tuvo dos hijos. Hay en este ensayo de Juliá, como en el de "El Cumbachero", una celebración vital que sólo se logra en la gran literatura.

Los ensayos dedicados a los caudillos Balaguer, Pérez Jiménez, Fidel Castro retoman un tema que ya Edgardo había abordado con enorme éxito en *Las tribulaciones de Jonás*, crónica sobre el entierro de don Luis Muñoz Marín en 1980: la radiografía del cacique hecha con ojo perspicaz, a la vez conmovedora y llena de humor. Cada uno de estos caudillos se nos presenta, no tanto encuadrado por los datos de su historia personal, sino por su aura, por la temperatura anímica que genera a su alrededor.

Cada caudillo está íntimamente vinculado a un monumento funerario, diseñado para asegurar su inmortalidad: Balaguer, al faro de Colón, mausoleo del caudillo ciego que deja sin luz a la capital del país cada vez que lo iluminan; el arquitecto frustrado Pérez Jiménez, al ruinoso Hotel Humboldt en la cima del Monte Ávila; Castro, al Palacio Presidencial de la Habana, laberinto de mármol travertino que es necesario atravesar con el hilo de

Ariadna en la mano para llegar hasta el minotauro. Falta, sin embargo, el monumento al caudillo de Puerto Rico, razón por la cual Rodríguez Juliá tendrá seguramente que añadir un ensayo a la segunda edición de este libro, cuando se terminen de construir los monumentos a la Virgen de Sabana Grande y al Cristóbal Colón del Amolao, empeño de los alcaldes de estos pueblos.

La emigración es un asunto espiritual antes que carnal. Desde el momento en que se toma la decisión de emigrar, el espíritu vuela y se ausenta; es como una muerte anunciada. En este libro el destino caribeño es visto como el destino del eterno emigrante. El autor-cronista nos repite de continuo que toda vida es un viaje y que es necesario meditar sobre ella según la vamos viviendo (o muriendo). "Nos preguntamos si el Caribe no es ese sitio donde el no poder salir es sólo la forma más extrema de no haber llegado nunca".

Rodríguez Juliá aborda la crónica familiar con particular pasión, luego de acercarse a ella inicialmente en *Puertorriqueños, álbum de la sagrada familia puertorriqueña*. Los ensayos dedicados a la familia están entre los mejores del libro: "Cronistas", "Caserones", "Pitiyanquis", "Semblanza de un estadista radical", etc., son piezas que deslumbran por su riqueza lingüística y metafórica, por su capacidad de comunicar la sensación de enfrentar la realidad en vivo, como si en la manga de la camisa el autor ocultara una cámara secreta que captara hasta el más mínimo detalle. La paradoja es aquí, nuevamente, que la característica más impresionante es nuestra fragilidad como habitantes de un archipiélago en el que todo pasa y a la vez permanece. Por eso Edgardo, como su tío abuelo antes que él, el novelista Juliá Marín, ha querido "testimoniar el cambio, cómo nos cambió la crisis de los tiempos que corrían." Puerto Rico es un pueblo bendecido por el progreso y condenado a no tener memoria de su vértigo.

La historia de la familia, en lugar de la historia nacional, permanece como mapa al cual podemos recurrir en caso de que el huracán del tiempo borre todo otro punto de referencia. La casa solariega, habitáculo de la familia, cobra entonces un cariz sagrado: es allí donde se recoge la memoria, donde se hace acto de conciencia de quiénes somos y de dónde venimos. Si la casa ha desaparecido, es necesario reconstruirla, volver a poner los balcones en su sitio, hacer que las ventanas vuelvan a abrir a la nubosa plaza de Aguas Buenas. En cada uno de nosotros existe una casa que ha desaparecido, pero que vemos claramente en cuanto cerramos los ojos. El entramado de esas casas invisibles, enlazadas en la memoria colectiva, conforma un Puerto Rico que nos une tanto como los nombres de los pueblos en que se encuentran enclavadas.

El puertorriqueño, como emigrante refugiado de un progreso furibundo, desconocido en el resto del Caribe, es víctima de una nostalgia incurable que, en palabras de Edgardo, provoca "un vago sentimiento de melancolía que alcanza a veces la puerilidad del sentimentalismo". El progreso, siendo nuestra salvación, ha sido también nuestra némesis. El Caribe, ese "mar de las lentejas" del que habla Antonio Benítez Rojo, es como la sopa que tentó al hermano de Jacob llevándolo a vender su patrimonio: un lugar lleno de culpabilidades.

En esto radica la genialidad de *Caribeños*, donde nunca se presenta una cara de la historia sin que aparezca también su contraria. Rodríguez Juliá no juzga, no acusa, no toma partido. Se limita a señalar, con inteligencia clara y humor perspicaz, la tragedia de haber sido eximidos de la pobreza al costo de la memoria que hace posible el fundamento del ser.

Para Edgardo Rodríguez Juliá, el Caribe no es un lugar geográfico ni físico. Es una meditación existencial, una crónica que él seguirá escribiendo a través de la historia.

Al pie del cañón del lápiz

Por diez centavos lo compré en la esquina
y vendiómelo un ángel desgarbado;
cuando a sacarle punta lo ponía
lo vi como un cañón pequeño y fuerte.

Saltó la mina que estallaba ideas
y otra vez despuntolo el ángel triste.
Salí con él y un rostro de alto bronce
lo arrió de mi memoria. Distraída

lo eché en el bolso entre pañuelos, cartas,
flores resecas, tubos colorantes,
billetes, papeletas y turrones.

Iba hacia no sé dónde y con violencia
me alzó cualquier vehículo, y golpeando
iba mi bolso con su bomba adentro.

Alfonsina Storni

Desafiar el canon patriarcal resulta una actividad tan arriesgada como poner bombas; tal es la lección que aprendemos de las vidas trágicas de las poetas latinoamericanas que cayeron derribadas al pie de ese lápiz al cual Alfonsina Storni le dedicó su soneto. Jorge Luis Borges, al hablar de Alfonsina, la llamó "comadrita de la poesía", cuyos poemas no son más que "borrosidades chillonas". "De la Storni diré —afirma en su Antología de 1926— que el aburrimiento es quizá la única emoción poética en su obra, y es también la que con preferencia ensalzan sus plumas. Son rubenistas, vergonzantes, medrosas". Carlos Vaz Ferreira, el respetado filósofo uruguayo, le dice paternalmente a Delmira Agustini: "Usted no debería ser capaz, no precisamente de escribir, sino de entender sus libros". Alberto Zum Felde, otro compatriota de Delmira, afirma que la poeta era una introvertida fatal y que escribía sus poemas en un trance onírico; Anderson Imbert cree que lo hacía "en estado de trance". Todos ellos ponen en duda el que Delmira tuviese el dominio técnico de la poesía.

Jaime Martínez Tolentino salva a Gabriela Mistral (quien se cuidó mucho de caer en las garras de la opinión pública, observando siempre una conducta burguesa impecable) y condena a la pobre Storni a las pailas del infierno. Alfonsina, según él, "vivió una vida licenciosa, una vida de poeta que nunca se había casado y era madre, que fue marginada por la sociedad, se sintió sola y derrotada y al final de su vida sólo aspiró a la paz del sepulcro". Martínez Tolentino no sólo es condescendiente con la Storni, sino que le reprocha el que no pueda superar su angustia existencial, el escribir poemas en torno al "dolor de estar vivo, de la vida consciente", algo que jamás se le hubiera ocurrido reprocharle a Rubén Darío, por ejemplo. Alfonsina, en su opinión, "no superó nunca su hondo pesar, mientras que Gabriela sí lo superó. Alfonsina conoció la maternidad pero no la ternura que ésta exige, mientras que Gabriela se excedió en el amor maternal, pero nunca fue madre". Existe una larga cadena de temas que se tiende desde Sor Juana Inés de la Cruz hasta las poetas hispanoamericanas del presente. Nadie escribe versos en el vacío; las poetas aprendieron unas de otras no sólo las técnicas, sino una conciencia clara de cuáles eran los problemas a los que se enfrentaban. Hay que identificar a las fundadoras: sentir bajo los pies esa roca que se llamó Sor Juana; recordar a Gertrudis Gómez de Avellaneda, la primera mujer que se atrevió a describir sus emociones íntimas en público; admirar a las posmodernistas, que rutilan en nuestro cielo poético como las Pléyades. Alfonsina Storni empezó a escribir luego de leer a Delmira Agustini; Gabriela Mistral (que nunca tuvo hijos) le dedicó un poema sobre la maternidad a Alfonsina (quien se enorgulleció siempre de ser una madre soltera), y Alfonsina le escribió a su vez otro a Gabriela; Julia de Burgos, admiradora de la obra de Alfonsina, compuso en su honor el poema *Nada*; la poeta puertorriqueña Ángela María Dávila establece en su

Homenaje al ombligo una relación mística entre el cuerpo de la mujer y la naturaleza que es un homenaje a Juana de Ibarbourou. Olga Nolla evoca esa cadena de solidaridad que parte de Sor Juana y llega hasta las poetas contemporáneas en un poema que dice:

Rezar por ti yo sé
que no hace falta, querida Julia.
Pero quiero que sepas
que tu sacrificio no fue en vano.
Ahora lo importante
es abolir el sacrificio.

Pese a lo mucho que se ha escrito sobre Sor Juana (1651-1695), resulta imposible aludir a la poesía femenina latinoamericana contemporánea sin hablar una vez más de su obra. Sor Juana toca ya en el siglo XVII todos los temas que habrán de interesar a las poetas posmodernistas. Escribe la *Carta Atenagórica* porque no puede evitar meterse en lo que no le importa y se atreve en ella a criticar un sermón pronunciado por un religioso portugués, el padre Antonio Vieyra, sobre "cuáles eran las verdaderas finezas de Cristo". Tratándose de materia teológica, no importaba que el objeto de su reflexión fuese un sermón recalentado pronunciado por el padre Vieyra cuarenta años antes. Sor Juana era mujer, y las mujeres no debían bajo ningún concepto ocuparse de teología, dogma o filosofía, so pena de tener "líos con la Inquisición". La *Carta Atenagórica* no es otra cosa que un alegato a favor de la libertad intelectual de la mujer; y su *Repuesta a Sor Philotea de la Cruz*, la carta que le dirige luego al obispo de Puebla, una defensa vehemente del derecho de la mujer al conocimiento.

En la redondilla 92 ("Hombres necios que acusáis") Sor Juana pone ya el dedo sobre la llaga del problema de la desigualdad de los sexos. ¿Quién tiene la verdadera culpa de la prostitución de la mujer? ¿Los que, pagándoles, las prostituyen o las que se prostituyen porque necesitan dinero para comer? Asombran todavía, después de trescientos años, esos versos sin pelos en la lengua: "¿Cuál es de más culpar / la que peca por la paga, / o el que paga por pecar?" Las redondillas ponen en solfa los estereotipos del siglo XVII sobre la mujer, así como la doble moral que impera todavía.

Merece destacarse el tratamiento que Sor Juana, demostrando una sabiduría femenina que se adelanta en cuatro siglos a su época, le da al amor en el soneto 165, "Detente, sombra de mi bien esquivo". Cupido, el dios del amor, está aquí hábilmente desarmado por la literatura. La lección que aprendió le hubiese economizado a las poetas posmodernistas un sinnúmero de dolores de cabeza: el amado perfecto no existe, es mucho mejor inventarlo. El amor es siempre Cupido; cuando Psique intenta abrazarlo y cae sobre él una gota de cera de esa vela práctica con que se ilumina la casa, el amor desaparece.

Gertrudis Gómez de Avellaneda (1814-1873) nace en Cuba —era hija del comandante de la flota española en Cuba—, pero vive la mayor parte de su vida en España. Tula fue, como Sor Juana, una niña prodigio y una escritora igual de prolífica. Escribió poemas, dramas (¡16!), comedias, novelas, ensayos y leyendas, y vivió totalmente dedicada a la literatura. Era una mujer de armas tomar. Al igual que George Sand, no creía en el matrimonio y tuvo varios amantes, en desafío abierto a la sociedad de la época. Por quince años vivió con Ignacio Cepeda de quien tuvo una hija ilegítima que murió de niña, tragedia que le causó un enorme complejo de culpa. Cuando era ya una escritora reconocida pidió ser admitida en la Academia de la Lengua Española, pero la entrada le fue denegada casi por unanimidad.

Gómez de Avellaneda fue la primera en tratar en su poesía temas como el nacionalismo, la preocupación por el devenir político de la patria, la naturaleza como parte definitoria de la identidad nacional. Su poema más famoso, *La vuelta a la patria*, todavía hoy recitado de memoria en Cuba por los estudiantes de la escuela elemental, tiene una importancia principal: es la primera vez que el paisaje del Caribe aparece en la literatura hispanoamericana. Gertrudis describe la flora y la fauna de Cuba con una precisión sorprendente. En sus versos aparecen los plátanos, las palmas, los sinsontes, la ceiba, el cedro, la caoba, el yarey, el cocotero, el cafeto, nuestros montes y nuestros ríos. A pesar de la caducidad del estilo romántico, estos poemas comunican todavía una emoción convincente. Medio siglo después, Julia de Burgos escribe "Río Grande de Loíza" (*Poema en veinte surcos*, 1938), donde se recoge también el tema del paisaje caribeño como afirmación de un nacionalismo reprimido.

El primer gran momento de la escritura femenina en América Latina es el Posmodernismo, cuyas fechas los críticos generalmente extienden de 1914 a 1957 (este último, el año de la muerte de Gabriela Mistral). Si después del Modernismo la poesía hispanoamericana se emancipa de la poesía europea, con el Posmodernismo la voz poética femenina se independiza de la masculina.

El Posmodernismo fue mayormente un movimiento poético femenino, que asimiló la lección de Rubén Darío de una manera diferente. Darío dice, en su Prólogo a *Prosas Profanas*: "Mi poesía es mía en mí. Sé tú mismo, ésa es la regla", refiriéndose a la independencia subjetiva del yo poético, que en adelante deberá reinar supremo en el poema.

Con esa declaración funda la poesía hispanoamericana moderna. En adelante ya no existirán las escuelas ni los credos poéticos; cada poeta dice su verdad, es su propia escuela y funda su propio estilo. Gracias al poeta nicaragüense, surgen el poema en prosa y el verso libre, así como la arbitraria desintegración del verso que llevará a cabo Vicente Huidobro algunos años más tarde. El germen de todo esto se encuentra ya en el prólogo a *Prosas Profanas*. Darío considera la libertad poética algo esencialmente americano. De igual manera que la forma, también el contenido de la poesía sufre una revolución.

El poeta modernista, como el discípulo de Lutero, se siente con derecho a descifrar por su cuenta el enigma de la existencia. El misterio del mundo ya no es el monopolio de unos pocos: la religión ha caído en desgracia y con ella la interpretación escolástica de la verdad. Cualquiera podía leer la Biblia, los textos griegos, los tratados de ciencias ocultas e interpretarlos a su manera. El bien y el mal, lo místico y lo sensual, lo animal y lo divino se consideran ahora uno sólo, las dos partes inseparables del ser. Éste es el mensaje del centauro Quirón, epítome de la sabiduría rubendariana.

El afán de demoler lo consagrado lleva a las poetas posmodernistas a una revolución erótica. Asimilando el mensaje de Quirón, el centauro mitad bestia mitad hombre, se atreven a poner en el testuz de toro del machismo latinoamericano la banderilla de la autonomía personal. Escriben poemas de tema confesional; se atreven a desangrarse sobre la arena pública a causa de las heridas que les asesta el amor. Son anarquistas y rebeldes en su desafío a las formas sociales, pero permanecen conservadoras en las formas poéticas (con excepción de Alfonsina Storni).

María Eugenia Vaz Ferreira (1875-1924) nace en el Montevideo finisecular de quintas cubiertas de glicinias, cuando el Cono Sur vivía la *Belle Epoque*. El país experimentaba un gran progreso económico y un renacimiento intelectual. El hermano de María Eugenia, Carlos Vaz Ferreira, es el centro de todo un movimiento que conmociona al país; escritores y filósofos se reúnen a diario en su casa para escuchar sus conferencias sobre el positivismo y la lógica experimental.

Los críticos han sido siempre particularmente crueles con la Vaz Ferreira; empezando con su hermano, quien se adjudicó los derechos de albacea al morir María Eugenia. "A mi hermana le repugnaba la publicidad", escribe en el prólogo a la edición póstuma que publicó de sus poemas. *La isla de los cánticos*, que en el original tenía 300 páginas, fue publicado por Vaz Ferreira en una versión acortada de 90 páginas. El criterio de selección fue arbitrario e injusto; la mayor parte de los poemas permanecieron inéditos hasta 1986, cuando salió por fin la edición de sus *Poesías completas* (edición y notas de Hugo Verani, Ediciones de la Plaza, Montevideo).

Pese a su excelencia, la poesía de la Vaz Ferreira nace muerta, aislada de su tiempo y de su contexto histórico. Poeta excéntrica y extraña, toca temas tan avanzados para su época como la frigidez de la mujer, la virginidad conflictiva, y la extraña obsesión con el machismo fascista (tema que cincuenta años después trataría a fondo Sylvia Plath). En sus poemas la mujer es un ser efímero, a la vez frágil y festivo, como una burbuja de champán. Una vez que el hombre la consume y extingue con ella su sed, desaparece sin dejar rastro, sin alterar para nada el devenir de la historia. En *La rima vacua*, poema evocador de la poesía irónica y existencialista de Emily Dickinson, la Vaz Ferreira compara su voz poética a un grito de sapo que "llega hasta mí de las nocturnas charcas.../ Grito de sapo, mueca/ de la armonía, sin tono, sin eco./ La vaciedad de mi profundo hastío/rima con él el dúo de la nada".

Delmira Agustini (1886-1914) es, sin duda, la más profunda y compleja de las posmodernistas, y su obra, como la de Vaz Ferreira, aún no se ha estudiado debidamente. A diferencia de ésta, re-

fugiada en una virginidad conflictiva que le confiere categoría de sacerdotisa en las veladas intelectuales de su hermano, Delmira es la muñecota de
rizos de oro de la alta sociedad montevideña, que
firma sus primeros poemas con el pseudónimo de
Jou Jou. Su padre era banquero; su madre, una mujer posesiva y apabullante, de quien Delmira se defiende adoptando diversas máscaras: la máscara
de la muñeca, de la nena, de la niña prodigio que
escribe poemas eróticos a los 16 años.

Cuando publica *Los cálices vacíos* en 1913, le
pide a Rubén Darío —su mentor y numen— que le
escriba el prólogo. Darío no es generoso con ella —
escribe escasamente un párrafo de estreñido comentario—, y la trata con una condescendencia
penosa. La llama "esta niña bella" a pesar de que
Delmira tiene ya 27 años. Señala que "si continúa
en la lírica revelación de su espíritu como hasta
ahora, va a asombrar a nuestro mundo de lengua
española". Diríase que Delmira fuese aún una
principiante, cuando iba ya por su tercer libro y de-
mostraba un gran profesionalismo. Darío no pudo
superar los celos que le provocaba la poeta que se
ocultaba tras la máscara de la nena para sobrevivir
a las represiones sociales.

Darío siempre alaba a Delmira por las razones equivocadas: sus versos son "a veces rosa por
lo sonrosados, a veces lirio por lo blancos", como

si se tratara de los capullos de la pucha de una quinceañera. Más adelante, insiste en que "es la primera vez que en lengua castellana aparece un alma femenina en el orgullo de la verdad de su inocencia y de su amor, a no ser Santa Teresa en su exaltación divina". Santa Teresa, la mística, no tiene nada que ver con los poemas eróticos de *Los cálices vacíos*, que más parecen rugidos de acoplamiento sexual que expresiones líricas. Así sucede, por ejemplo, en el soneto intitulado "A Eros".

En 1913 Delmira contrae matrimonio con Enrique Job Reyes, e inicia el proceso de divorcio tres semanas después. Pero la ruptura, todo un misterio, no impide que los amantes se den cita en un hotel, donde un día aparecen muertos. ¿Asesinato de Delmira y suicicio de Job Reyes? ¿Suicidio erótico de ambos? Lo sucedido nunca se aclara, aunque es evidente, por los últimos poemas de Delmira, que ésta anticipaba su muerte. En un poema sin título en el cual se identifica con Salomé, intuye el trágico suceso:

La intensa realidad de un sueño lúgubre
puso en mis manos tu cabeza muerta;
Yo la apresaba como hambriento buitre...
Y con más alma que la Vida, trémula,
¡Le sonreía como nadie nunca!...
¡Era tan mía cuando estaba muerta!

Hoy la he visto en la Vida, bella, impávida,
¡Como un triunfo estatuario, tu cabeza!
Más frío me dio así que en el idilio
Fúnebre aquel, al estrecharla muerta...
¡Y así la lloro hasta agotar mi vida...
Así tan viva cuanto me es ajena!

Salomé, la princesa judía, no se menciona nunca en el poema, como tampoco se menciona la oscura tragedia personal que arroja su sombra sobre ella.

Existen dos versiones de la historia de Salomé. En la bíblica, Salomé es la hija apenas adolescente de Herodías, la segunda esposa de Herodes. Herodías está enamorada de San Juan Bautista, pero éste la rechaza. Ella entonces le ordena a su hija que baile el baile de los siete velos frente a Herodes y que pida luego la cabeza del profeta como premio. En la versión de Oscar Wilde (cuyo drama maldito causó un escándalo en Londres y le sirvió de libreto a Strauss para su ópera), la joven Salomé es quien se enamora de San Juan Bautista, y ante el rechazo de éste, baila frente a Herodes para exigir su cabeza como premio.

Delmira, al identificarse con Salomé, está afiliándose a una tradición decadentista muy en boga en la época. El demonismo simbolista de Huyssman, de Wilde, de Gustave Moreau, de Poe y de Mallarmé es una corriente poderosa. Como ellos, Delmira busca la salvación por medio de una inmoralidad desafiante. El suicidio-asesinato es una afirmación más de esa actitud maldita. "I flee from what is moral as from what is impoverished", escribe Wilde desde la cárcel, donde terminó de escribir su drama sobre Salomé. "I am writing a play about a woman dancing with bare feet in the blood of the man she has craved and slain".

El caso de Delmira es llamativo: por ser la primera mujer que se atrevió a hablar abiertamente de sus pasiones, el escándalo creció a su alrededor con mayor virulencia que en torno a sus compañeras poetas. La Vaz Ferreira, aunque rebelde, nunca se despojó del manto de respetabilidad con que la protegió su hermano; murió, como ella misma dice en su poema, "con un sacro dolor de carne viva, / y la virginidad de las estatuas". Pero la rebeldía de Delmira no es sólo sexual; tiene que ver también con su desafío al mundo intelectual de los hombres. Como Sor Juana, se atreve a meterse donde no le importa; su poesía abarca temas de una gran complejidad intelectual que nunca antes (salvo en el caso de la mexicana) habían sido tratados por una mujer. Platón, Dante, Milton, Freud, Nietzsche, los poetas místicos españoles, los simbolistas y los parnasianos franceses, todos están presentes en sus poemas, aunque estas influencias no han sido aún analizadas adecuadamente por la crítica.

Varios poemas de Delmira tratan sobre el misterio de la existencia. En "Nardos", la lucha entre la luz y la sombra, la pureza y la corrupción — la dualidad platónica— se resuelve gracias al sueño colectivo y a los arquetipos del mito, que nos permiten el único contacto con lo eterno. "Muerte magna" examina el tema del héroe: el poeta, como Napoleón y como Cristo, necesita morir antes de resucitar para salvar al mundo. "Carnaval" trata la canibalización social e histórica de este festejo. Aquí Delmira no sólo alude a Darío, sino que lo corrige: el carnaval no ha de ser únicamente una apropiación de todo lo que ofrece la cultura europea, como dice el maestro. El carnaval es también una manera de amenazar al *establishment*, una fiesta anárquica asociada al exceso, al *potlash*, al derroche con que el pueblo se venga de la represión del poder.

A estos temas de trascendencia universal Delmira añade otros de corte feminista. "Batiendo la selva", "Amor" y "El intruso" tienen una gran influencia del *Cantar de los Cantares*: en ellos el discurso erótico está puesto directamente en boca de la mujer. Lejos de ser vulgares, estos poemas conforman un intento de trascender lo perecedero por medio de una sensualidad entendida como religión, pero igual causaron un escándalo. Con su publicación arrecia la controversia alrededor de la escritora. "Orla rosa" (alusión velada al sexo femenino), la última sección de *El libro blanco*, fue censurada por los exégetas de Delmira en su primera antología, por considerarse indecente. Y el tomo de *Poesías completas*, publicado por la Editorial Losada en 1944, tampoco la recoge.

Gabriela Mistral —Lucila Godoy Alcayaga— recoge la antorcha del tema erótico, pero trata de protegerse de sus llamas colocándola en una lámpara. El seudónimo, esa primera máscara, es ya indicativo de cuál ha de ser su estrategia: Gabriela por el arcángel Gabriel y Mistral por el viento que viene de África. Son dos identidades asumidas simultáneamente: la del ángel profético que anuncia el rol dignificador de la mujer, y la de la defensora de los habitantes del Tercer Mundo y de los oprimidos.

Gabriela (1889-1957) nace en Vicuña, una aldea campesina de Chile, de padre vasco y madre indígena. Publica sus tres sonetos a la muerte en 1914, el mismo año en que Delmira se suicida. Resulta útil establecer una comparación entre las máscaras de ambas. Gabriela es la maestra rural, la *mater magistrae,* la Pachacamama; Delmira es la Jou Jou, la nena, *l'enfant terrible* de la sociedad montevideña que, entre sus preciosidades, también escribe poemas. Gabriela es la madre de todos los niños de Chile y de América Latina; Delmira es la Salomé, obsesionada con el erotismo prohibido, con el deseo como desafío nietzscheano. Gabriela sacrifica su erotismo en aras de la trascendencia femenina: es ella quien hace universal la poesía femenina en América Latina; es ella quien obliga por primera vez al *establishment* a que trate a la mujer poeta con el respeto debido.

Hubiese sido difícil imaginarse a Rubén Darío tildando a Gabriela Mistral de "niña bella que escribe poemas". Tras el rostro de ídolo chorotega que nunca sonríe, tras el pecho de dolmen chileno, se oculta el orgullo de quien exige respeto por su trabajo. (De igual manera hubiese sido difícil imaginarse a los críticos diciéndole a Gertrude Stein, dolmen judío, que una rosa no es una rosa no es una rosa). Por eso el horror a los juegos peligrosos de Delmira, el "hada color rosa" que se consumió en su llama; por eso la actitud de solemnidad premeditada de Gabriela. El reconocimiento del valor de la obra poética femenina implícito en el Premio Nobel de 1945 se le debe a Gabriela. Delmira, pese al vergonzante trato que recibió de Rubén Darío, no se independizó del canon masculino, permaneció como su leal discípula y defendió el modernismo universalista. El énfasis de la poesía de Delmira está puesto, como el de la poesía rubendariana, en la cultura europea como carnaval universal. La búsqueda del cosmopolitismo y de la modernidad marcan, a grandes rasgos, la obra de Delmira y, desde este aspecto, Jou Jou siguió siendo servil, se abrió ingenuamente al ataque. Gabriela, por el contrario, sacrificó su libertad erótica y tuvo que sacrificar también la gracia, el humor vivificador. Pocos poemas de amor resultan tan apabullantemente serios como los suyos. Tuvo que cubrirse, como la diosa Atenas, con una coraza de acero, pero logró un nivel más alto de libertad intelectual. Arrancarle el respeto al *establishment* literario latinoamericano siendo mujer fue la gran proeza de Gabriela Mistral. No es por ello sorprendente que se considerara díscípula de José Martí y del Modernismo mundonovista, cuyo énfasis estuvo en lo esencial americano.

Gabriela se refugia a menudo en lo tradicional para lograr sus más grandes victorias. La búsqueda de autoridad la lleva a escribir una poesía católica y creyente, cuya imagen fundamental es a menudo el vino (la sangre de Cristo en la ceremonia de la misa) que se exprime de la tierra chilena. De ahí su título *Lagar*. El ser es como la uva, que ha de ser exprimido para dar su sustancia, y el cuerpo es como el bagazo, que es usado para abonar el campo.

Sus antecedentes judíos, por otra parte, llevan a Gabriela a interesarse profundamente en el Antiguo Testamento; la Ley del Talión y el Arca de la Alianza pasan a ser, desde un principio, temas fundamentales de su obra. En los *Sonetos de la muerte*, la tierra americana es el arca donde reposan los huesos del amado. Estos poemas, claramente autobiográficos, se refieren a la muerte de Romelio Urdeta, un empleado de ferrocarriles que había sido su amante. Romelio la abandonó por otra mujer y luego se suicidó. Desgraciadamente, no se quitó la vida pensando en Gabriela, sino a causa de "la otra". Gabriela es implacable con él: "tú me abandonaste y rompiste el contrato frente al Arca de la Alianza. Tu muerte, por lo tanto, fue un castigo merecido. Ojo por ojo y diente por diente". Los *Sonetos de la muerte*, extrañísimos y psicológicamente complicados, permanecen hoy como unas de las composiciones más conmovedoras de la literatura femenina de nuestro siglo. Gabriela entierra al amado que no pudo salvar junto a ella, y de su carne va a resucitar un niño que será todos los niños; sus nupcias con el muerto se convierten en el origen de su maternidad poética. De ese matrimonio nacerán cinco libros extraordinarios: *Desolación, Ternura, Tala, Lagar* y *Poema de Chile*.

Juana Fernández de Ibarbourou (1895-1979) fue la más tradicional y conservadora de las posmodernistas, tanto en su vida como en su obra. Nació en Melo, una provincia del interior del Uruguay ; tuvo una niñez feliz y una vida adulta resguardada. El que se diese a conocer por el nombre de su marido —el capitán Ibarbourou— y no por su nombre de soltera —Juana Fernández— es indicativo de la actitud vital que la caracteriza. Fue la única de las poetas posmodernistas que llegó a la ancianidad y la única que murió de muerte natural. Tuvo una carrera prolífica: publicó 14 libros, 12 de poesía, uno en prosa y verso y uno de cuentos. En los últimos años de su vida el éxito la llevó a adoptar el seudónimo de Juana de América.

Ibarbourou es una poeta *upbeat*. Su imagen principal, alrededor de la cual gira toda su poesía, es el sol en su cénit, la vida en su plenitud. Su influencia principal es la de Anacreonte, el poeta iónico del siglo VI antes de Cristo. En su poesía no hay rebeldías ni grandes desgarramientos, no hay ironía cortante ni denuncias políticas ni sociales. El panteísmo de Ibarbourou la lleva a adorar a la naturaleza como fuente sagrada de todo bien; su sensualidad se extiende a la flora y a la fauna de Chile, país donde residió sus últimos años, que pinta en doce sonetos extraordinarios. Su "Eros" es simple y primitivo —le canta a la esencia de las cosas—. El río es una copa estupenda hecha por Dios; el agua es mejor que el vino y tiene su gusto propio. La naturaleza es origen de todo misterio y, como Dios mismo, su significado queda irresuelto.

La mujer participa de la celebración pagana de la naturaleza. Ibarbourou se siente feliz de ser mujer, considera que estar cerca del ciclo reproductivo la hace más sabia. El hombre se ha separado de la naturaleza y necesita regresar a ella; la naturaleza es la aliada de la mujer y ambas deben trabajar juntas para salvar al amado. Sólo la cercanía a la naturaleza ofrece un consuelo ante los estragos del tiempo: la vejez, la soledad, la muerte, todo es parte de un mismo ciclo de vida que es necesario aceptar como natural. Este es el mensaje de libros como *Raíz Salvaje* y *La rosa de los vientos*.

Alfonsina Storni (1892-1938) es, sin duda, la más vanguardista de las posmodernistas. Rompió más abiertamente con las formas poéticas de su época, y su obra se encuentra más cercana a la sensibilidad contemporánea. Muchas de las poetas latinoamericanas contemporáneas tienen cosas en común con Storni; su poesía se encuentra presente en ellas, hayan leído o no sus poemas. La máscara de Storni es la más moderna de todas porque es la de la mujer cosmopolita, trabajadora y liberada, comprometida con el feminismo como causa social.

Alfonsina nace en un pueblecito de la Suiza italiana, Sala Caprisca, enclavado en la misma región de donde son oriundos los anarquistas Sacco y Vanzetti, así como la fotógrafa Tina Modotti. Una región de emigrantes profundamente imbuidos de la tradición de los sindicatos. Storni pertenece a este tipo de gente: su madre es costurera y ella misma ayuda a coser para sobrevivir. Y también su familia tiene que emigrar, en su caso, a la Argentina.

Para Delmira, la niña burguesa y privilegiada, la libertad era una entelequia, ya que nunca logró librarse de la sobreprotección de su familia. Para Alfonsina, la libertad fue desde muy joven una necesidad real. En 1907, cuando tiene quince años, se escapa de la casa y se integra a una compañía de teatro ambulante. En Rosario se hace maestra normalista; en 1912 tiene un hijo sin estar casada y se marcha a Buenos Aires. Una vez allí se une al grupo Anaconda, un cenáculo literario encabezado por Horacio Quiroga y Leopoldo Lugones, al que sólo pertenecen hombres. Su amistad con Lugones es profunda y enriquecedora; la ironía y el humor negro son lazos que los unen desde un principio. El suicidio de Quiroga, en 1937, y el de Lugones, en 1938, la impresionan profundamente. Alfonsina tenía 46 años y le habían diagnosticado cáncer. Estas circunstancias combinadas la llevan a quitarse también la vida ese mismo año de 1938.

El rompimiento de Alfonsina no fue sólo con las convenciones sociales (sobrevivir como madre soltera en el Buenos Aires de la época era ya una proeza), sino también con la religión. Gabriela le canta al ágape, a la amistad y al amor católico y maternal; Juana al erotismo santificado por el matrimonio; y Alfonsina, como Delmira, le canta al Eros pagano, aunque partiendo de vertientes opuestas. Ambas son ateas: para Delmira, la religión es el cosmopolitismo de los modernistas; para Alfonsina, la religión es el opio de las masas.

Alfonsina entiende que la poesía feminista es fundamentalmente política. "Peso ancestral" es por ello uno de sus poemas más revolucionarios:

> Tú me dijiste: no lloró mi padre;
> Tú me dijiste: no lloró mi abuelo;
> No han llorado los hombres de mi raza,
> Eran de acero.
>
> Así diciendo, te brotó una lágrima
> Y me cayó en la boca...más veneno
> Yo no he bebido nunca en otro vaso
> Así pequeño.
>
> Débil mujer, pobre mujer que entiende,
> Dolor de siglos conocí al beberlo;
> Oh, el alma mía soportar no puede
> Todo su peso.

La poeta, que se dirige a su madre, recoge en el diálogo recordado dos maneras distintas de entender el mundo: la femenina y la masculina. Esta última pone todo su énfasis en la guerra y considera poco viril la compasión. La incomunicación es inevitable entre hombres y mujeres, los estereotipos basados en las diferencias biológicas imperan siempre: el padre y el abuelo "eran de acero"; la madre es una "débil mujer, pobre mujer que entiende".

Alfonsina se mantiene al tanto de la poesía femenina que la precede, así como de las últimas influencias literarias del Surrealismo y de Francia. Su famoso poema "Tú me quieres blanca" parece una versión moderna de la redondilla 92 de Sor Juana. Como la monja mexicana, Alfonsina utiliza el humor y la ironía cortantes para desenmascarar la hipocresía de la doble moral, aconsejándoles a los hombres no tirar piedras al tejado ajeno cuando el suyo es de cristal. En otros poemas como "Capricho" y "En silencio", por ejemplo, el discurso erótico, inspirado en el *Cantar de los cantares*, se pone en boca de la mujer (como hace también Delmira).

La poesía de Alfonsina se divide en dos períodos: el primero —*El dulce daño* e *Irremediablemente*— se caracteriza por las formas tradicionales, muchas veces de origen popular, así como por el humor y la ironía. Los temas casi siempre tienen que ver con emociones subjetivas: el erotismo, el desafío de los estereotipos sociales, la insolencia.

En su segundo período —*Languidez* (1920) y *Ocre* (1925)—, rompe con los esquemas formales tradicionales y sigue los pasos vanguardistas de Lugones y de Huidobro. La obsesión por el cuerpo femenino se transforma en una obsesión con Buenos Aires, la megalópolis prostituida de *Mundo de siete pozos*. Todos los poetas de la época le cantan a la ciudad: Borges, Mallea, Lugones. (Otra ciudad, Londres, es también el gran tema de T. S. Eliot en *The Prufrock poems*). La ciudad es en estas obras el espejo del alma del hombre moderno. Lo de afuera es por primera vez lo de adentro; lo que se observa con los ojos es también lo que se percibe con el sentimiento: la soledad y la inhumanidad de los rascacielos y de las calles como túneles de cemento que recuerdan los cuadros de Georgia O'Keefe; la incomunicación y la angustia de los edificios de oficina, que parecen panales con celdas de cristal, como en los cuadros de Edward Hopper.

De todas las poetas que hemos examinado, Alfonsina parecería ser la más indicada a dejar de lado las preocupaciones de la lucha entre los sexos, porque la complejidad de sus intereses vitales (periodísticos, políticos, sociales) la alejan a menudo de ellos. Alfonsina se mueve sin dificultad en el mundo de los hombres; su poesía es leída y comentada; no necesita hacer poesía panfletaria para sobrevivir como artista. Y, sin embargo, la preocupación feminista está presente en su obra hasta el final. En 1938 publica una colección de antisonetos intitulada *Mascarilla y Trébol*, que constituye uno de sus mejores libros. Uno de esos poemas, "A Eros", parece una versión desmitificada y desromantizada del soneto "Amor" de Delmira. Resulta interesante compararlos:

A Eros
(Alfonsina Storni)

He aquí que te cacé por el pescuezo
a la orilla del mar, mientras movías
las flechas de tu aljaba para herirme
y vi en el suelo tu floreal corona.

Como a un muñeco destripé tu vientre
y examiné sus ruedas engañosas
y muy envuelta en sus poleas de oro
hallé una trampa que decía : sexo.

Sobre la playa, ya un guiñapo triste,
te mostré al sol, buscón de tus hazañas
ante un corro asustado de sirenas.

Iba subiendo por la cuesta albina
tu madrina de engaños, doña Luna,
y te arrojé a la boca de las olas.

A Eros
(Delmira Agustini)

Porque haces tu can de la leona
más fuerte de la vida, y la aprisiona
la cadena de rosas de tu brazo.

Porque tu cuerpo es la raíz, el lazo
esencial de los troncos discordantes
del placer y el dolor, plantas gigantes.

Porque emerge de tu mano bella y fuerte,
como en broche de místicos diamantes,
el más embriagador lis de la Muerte.

Porque sobre el Espacio te diviso,
puente de luz, perfume y melodía,
comunicando infierno y paraíso
con alma fúlgida y carne sombría...

Parece imposible que sólo medien veinticinco años entre ambos poemas, pues entre ellos existe un verdadero abismo existencial. Entre esa leona metamorfoseada en perra mansa por la cadena de rosas del abrazo del dios del amor; entre esa víctima voluntaria que le concede a Eros el privilegio de dar y de quitar la vida, de comunicar las esferas del cielo y el infierno, que reina supremo en el soneto de Delmira y esa Diana, cazadora implacable de un Cupido mecánico que lleva su trampa mortal oculta en el vientre del poema de Alfonsina, media la misma distancia que existe entre la mujer del pasado, la que vivía de rodillas ante los arquetipos sociales, y la que reconocemos caminando hoy día por la calle.